십대를 위한
재미있는
어휘교과서

십대를 위한 재미있는 어휘 교과서

초판 1쇄 펴냄 2011년 2월 22일
　　26쇄 펴냄 2025년 5월 2일

지은이 서보건

펴낸이 고영은 박미숙 | 펴낸곳 뜨인돌출판(주)
출판등록 1994.10.11.(제406-251002011000185호)
주소 10881 경기도 파주시 회동길 337-9
홈페이지 www.ddstone.com | 블로그 blog.naver.com/ddstone1994
페이스북 www.facebook.com/ddstone1994
대표전화 02-337-5252 | 팩스 031-947-5868

ⓒ 2011 서보건

ISBN 978-89-5807-321-5 13700

십대를 위한
재미있는
어휘 교과서

서보건 지음

뜨인돌

머리말^{preface}

"나랏말ᄊᆞ미 中國에 달아 文字와로 서르 ᄉᆞᄆᆞᆺ디 아니홀씨~"

그 유명한 훈민정음 서문이야. '훈민정음 언해본', 즉 한글의 원리를 설명한 책의 머리말인 셈인데 한글을 만든 이유와 목적, 그리고 세종대왕의 백성 사랑하는 마음이 잘 나타나 있는 글이지.

　대부분의 책에는 머리말이라는 게 있어. 머리말은 저자들이 책을 쓰게 된 경위나 목적 및 핵심 내용 등을 간략히 밝히는 공간이야. 때론 저자의 개인적 생각이나 평소 도움을 주었던 이들에 대한 감사의 말을 담는데, 그런 틀에 박힌 형식에서 벗어나고자 아예 머리말 없이 책을 내는 경우도 있고 머리말만 수십 페이지가량 늘어놓기도 해.

머리말의 역사는 굉장히 오래됐어. 현존하는 가장 오래된 우리 역사 책인 김부식의 『삼국사기』와 세계 최초의 금속활자 인쇄본인 『직지심체요절』에도 서문序文이 있지.

일연의 『삼국유사』에도 머리말까지는 아니지만 본문의 시작 부분에 서왈敍曰이라고 해서 저자의 역사관을 기록한 글이 있어. 외국에서는 기원전 4세기경 그리스의 에우리피데스라는 작가의 작품에 머리말과 유사한 프롤로그prologue라는 글이 최초로 등장하지.

머리말과 같은 말로는 권두언卷頭言, 서序, 서문序文, 서언序言 등이 있어. 이것들은 서론序論, 서두序頭와는 약간 차이가 있는데 혼동될 수 있으니 영어 단어를 기준으로 설명해 줄게.

흔히 머리말로 번역되는 preface, foreword, introduction, prologue는 의미가 조금씩 달라.

우선 preface는 지금껏 얘기한 머리말의 의미에 가장 잘 어울리는 단어로, 저자의 생각을 담아 맨 앞에 놓은 글을 말해.

foreword도 본문 앞에 놓이기는 하지만 다른 사람이 써 준 추천사를 가리킨다는 점에서 저자가 쓰는 머리말과는 차이가 있지.

introduction은 본문의 일부로 서론-본론-결론 중 서론에 해당하는 것이라서 본문과 별개로 맨 앞에 놓이는 preface, foreword와는 차이가 있어.

prologue서막, 서시란 연극, 영화, 오페라, 소설의 등장인물이 앞 이야기를 하는 것을 가리킨다는 점에서 저자가 자신의 생각을 직접 말하는 일반적 머리말과는 차이가 있어.

이런 머리말은 어떤 쓸모가 있는 걸까?

저자 입장에서는 책 내용 외에 하고 싶은 말을 남길 수 있고 자신의 책을 직접 설명할 수 있다는 점에서 의미가 있어. 독자 입장에서는 머리말을 통해 저자의 의도와 핵심 내용을 파악할 수 있으니 책 읽는 데 길잡이로 삼을 수 있지. '전략적 책 읽기'를 위해서라도 머리말부터 살펴봐야 한다는 사람들도 많아.

다만 머리말을 읽고 나서 책에 대한 선입견이 생길 수 있다는 점은 문제야. 머리말만 읽고 책의 가치를 판단해 버릴 위험이 있기 때문이지.

머리말을 빌려 '머리말'이라는 용어에 대해 소개를 해 봤습니다.

위에서도 밝혔듯이 원래 머리말에는 책 내용과 집필 목적을 쓰게 마련인데 이 책은 각종 용어를 설명하는 책이니까 이런 방식으로 써 봐도 좋겠다고 생각했습니다.

최근 수능과 논술 시험 출제 경향을 보면, 단순한 지식 암기나 단어의 사전적 의미를 묻기보다는 국어, 사회, 과학 등 여러 분야의 지식을 충분히 이해하고 복합적으로 연결시켜 응용할 수 있는 사고력을 검증하는 데 중점을 두고 있습니다. 통섭형 인재를 길러 내자는 취지겠지요.

대학 입시 외에도 대학 생활이나 공무원 시험인 공직적격성평가[PSAT], 로스쿨 입학시험인 LEET 등에서 통합적 사고력이 필요하기 때문에, 청소년기에 그 기반을 충분히 닦아 놓는 것은 두고두고 도움이 됩니다.

하지만 기존의 책들 중에는 어휘 설명을 사전처럼 단순히 나열하거나 청소년들이 보기에 너무 어려운 게 많았습니다. 그래서 이 책은 청소년들이 쉽고 정확하게 각종 용어를 이해하고, 그와 관련된 사회문제들을 들여다봄으로써 자연스럽게 사고력과 응용력을 키울 수 있도록 하는 데 중점을 두었습니다.

중학생이나 고등학생들을 염두에 두었지만 학습 능력이 발달한 초등학교 고학년 학생들도 이해할 수 있는 수준으로 쉽게 풀어 쓰고자 했습니다.

이 책에 등장하는 100개의 용어나 표현은, 교과서 설명이 부족하거나 신문 기사 등에 널리 쓰이지만 그 의미가 모호한 것 혹은 포털 사이트 지식 검색에서 다수의 청소년들이 궁금해하는 것을 위주로 선별한 것입니다. 청소년들이 객관적 시각을 가질 수 있도록 가능한 한 정치적·사상적·종교적 중립을 지켜 설명하려고 했습니다.

누구나 책상에 앉아 긴 시간 공부하다 보면 어느덧 잡생각이 꼬리에 꼬리를 물고 떠올랐던 경험이 있을 것입니다. 책을 읽는 것도 노동이어서 여러분의 입맛에 맞는 책을 자발적으로 읽지 않는 한, 한 권을 다 읽어 내기란 쉽지 않을 것입니다. 그래서 이 책에서는 조금이라도 재미있게 읽게 하기 위해서 꼬리에 꼬리를 무는 방식을 사용했습니다. 이런 방식은 연관된 개념들을 구슬 꿰듯 정리하거나, 한 분야에서 전혀 다른 분야로 생각의 폭을 넓히는 데 유용하지요.

이 책을 쓰면서 책 한 권이 세상에 나오기 위해서는 수많은 사람들의 노력과 수고가 필요하다는 점을 새삼 느꼈습니다. 책의 맨 앞자리를 차지하지만 정작 쓰는 순서는 맨 마지막이면서, 저자를 가장 머리 아프게 하는 글이 머리말이라는 것도 확실히 배웠고요.

책을 쓰자는 제안을 받고 원고를 한창 써 나가던 기간은 국정감사와 예산 심사 때문에 정신없이 바쁠 때였습니다. 게다가 대학원 학위 논문도 12월까지 심사받아야 했기에 심적 부담이 컸습니다.

동시에 세 가지 큰일을 병행하다 보니 마음 편히 쉴 날이 없었지만 어느새 대학원 석사 학위도 무사히 취득했고, 제가 보좌하고 있는 의원님도 여러 언론사나 시민단체에서 '국감스타' 또는 우수 국회의원으로 선정되면서 제가 개인적인 일로 책무에 소홀하지 않았다는 안도의 한숨을 쉴 수 있었습니다. 하지만 그 과정에서 물심양면으로 도와주신 분들이 아니었다면 이런 성과는 결코 거두지 못했겠지요. 일일이 열거하지 못하지만 책을 내기까지 도움을 주신 분들께 진심으로 감사의 말씀을 전합니다.

특히 지난 1년간 모든 여가시간을 반납한 채 책상에만 앉아 있던 저를 이해해 준 가족들에게 미안하고 감사할 뿐입니다.

차례

십대를 위한 재미있는 어휘교과서

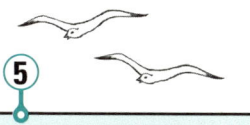

뜨거운 감자 hot potato

체벌이 금지된 지 2주가 넘었지만 학생인권조례는 여전히 교육계의 뜨거운 감자다.
무상복지 문제가 정치권의 뜨거운 감자로 떠올랐다.

사회적으로 관심이 집중되고 있는 문제를 흔히 '뜨거운 감자'라고 하지.
영어의 hot potato를 직역한 말이야.

갓 요리한 감자는 뜨거워서 급하게 한 입 베어 물었다가는 입천장을
홀랑 델 수도 있어. 배가 고프니 먹긴 먹어야겠는데 뜨거워서 삼킬 수는
없는, 즉 이러지도 저러지도 못하는 상태를 잘 말해 주고 있지.

그래서 '뜨거운 감자'는 주로 여러 사람들(또는 단체들)의 이해관계가
얽혀 섣불리 다루기 어려운 사안에 많이 쓰였는데, 요즘은 단순히 사회
적으로 중요한 이슈를 가리키는 말로도 쓰이고 있어.

이 말은 미군이 베트남 전쟁에서 철수할 것인지를 놓고 고민하던 시절, 미국의 「뉴욕타임스」라는 신문 논평에 처음 등장했어. 당시 미국에선 전쟁이 장기화되고 승리할 가능성이 줄어들자 전쟁을 그만두자는 여론이 점점 거세졌어. 그렇다고 무작정 철수하자니 국제사회에서 입지가 약화될 것 같았지. 이런 미국 정부의 난감한 상황을 재치 있게 표현한 말이 '뜨거운 감자'였던 거야.

그런데 왜 하필 감자였을까? 고구마도 아니고 피자도 아니고 말이야.

미국인의 식단에서 감자는, 우리나라의 쌀밥에 해당할 만큼 밥상에 늘 오르는 음식이야. 패스트푸드점의 세트 메뉴에 감자튀김이 약방의 감초처럼 따라 나오는 것만 봐도 알 수 있지. 미국인이라면 누구나 쉽게 공감할 수 있도록 '감자'라는 친근한 소재를 사용한 거야.

이와 비슷한 상황을 표현한 사자성어가 있어. 뭘까?

바로 '진퇴양난^{進退兩難}'이야. 앞으로 나아가기도, 물러나기도 어려운 상황을 뜻하지. '계륵^{닭의 갈비살}'도 비슷한 상황을 나타내. 조조가 유비와 한중 땅을 차지하려고 싸우다가 나온 말이야. 먹자니 살코기가 별로 없고, 버리자니 아깝고…. 정말 기가 막힌 비유지! 다만 '뜨거운 감자'가 가리키는 사안이 '장안의 화제'나 '핫 이슈'라는 뉘앙스를 담고 있다는 점에서 앞의 두 가지 표현과는 조금 차이가 있어.

우리 사회에도 여러 가지 뜨거운 감자가 있어. 미션스쿨의 종교교육 문제도 그중 하나라고 할 수 있지.

기독교, 천주교, 불교 등 종교 단체에서 세운 학교에는 보통 해당 종교교육 시간이 주 1회 정도 들어 있거든. 해당 종교를 믿지 않는 학생들에게 이 시간은 굉장히 부담스러울 거야. 그래서 일부에서는 종교교육을 강요하지 말라고 주장해. 우리나라 헌법은 개인에게 종교의 자유를 보장하고 있다는 점을 근거로 해서 말이야.

하지만 종교 단체들은 입장이 달라. 최소한의 종교교육을 하기 위해 학교를 설립한 건데 이조차도 허용이 안 된다면 미션스쿨이 존재할 이유가 없다는 거지. 우리나라 헌법은 종교를 전파할 자유도 보장하고 있다는 게 그들의 주장 근거야.

이런 문제에 만약 교육청 공무원이 섣불리 한쪽 편을 들었다가는 반대편으로부터 격렬한 비난을 받게 되겠지? 그렇다고 언제까지 손 놓고 있을 수만은 없는 노릇이고. 그래서 이런 사안을 뜨거운 감자라고 하는 거야.

그렇다면 뜨거운 감자를 만났을 때 해법은 뭘까?

냉각, 즉 미지근하게 식혀서 먹는 거야. 무슨 말장난이냐고? 그게 아니라 아마 우리 친구들도 신문이나 뉴스에서 이런 표현을 종종 만났을 거야.

"여야는 잠시 냉각기를 갖기로 했다."

서로 감정이 상해 있을 때는 다툼을 멈추고 머리 식히는 기간을 두자는 거지. 진정된 뒤라면 이성적으로 해결 방안을 찾을 수 있을 테니까.

하지만 냉각기간만으로는 해결되지 않는 문제들도 정말 많아. 뭔가 새롭고 획기적인 방법이 있다면 참 좋을 텐데 말이야. 그럴 때 '고르디우스의 매듭'이 문제 해결의 힌트가 될 수 있어.

고르디우스의 매듭 Gordian knot

이 문제는 고르디우스의 매듭처럼 복잡하게 얽혀 풀기가 어렵다.
혼란을 극복하려면 고르디우스의 매듭을 끊어 버린 알렉산드로스 같은 결단이 필요하다.

고르디우스의 매듭은 문제가 복잡하게 얽혀 있어서, 특별한 방법이 아니면 풀기 어려운 상황을 뜻해.

그리스 신화에 따르면 프리기아라는 나라에 고르디우스라는 왕이 있었어. 그는 자기가 몰던 수레를 신에게 제물로 바치고 굉장히 복잡한 매듭으로 묶어 놓았어. 그러고는 "장차 이 매듭을 푸는 사람이 아시아의 지배자가 될 것이다"라고 예언했대. 그 뒤로 여러 사람이 매듭을 풀려고 했지만 너무 복잡해서 풀지 못했지.

먼 훗날 마케도니아의 알렉산드로스^{알렉산더} 왕이 프리기아에 이르렀을 때였어. 그는 이 예언을 듣고 매듭을 단칼에 끊어 버렸지. 예언대로 알렉산드로스 왕은 유럽과 아시아에 걸쳐 영토를 정복했고 대왕이라는 칭호까지 얻게 됐어.

이 이야기는 복잡하게 얽힌 문제가 있을 때 알렉산드로스처럼 창의적으로 생각한다면 손쉽게 해결할 수도 있다는 뜻으로 널리 알려졌어.

그런데 잠깐! 과연 그의 방법이 적절한 것이었을까?

우선 예언에서는 매듭을 '푸는' 사람이라고 했지, '끊는' 사람이라고 하지 않았잖아. 주관식 수학 시험을 예로 들자면, 과정은 틀리고 정답만 맞힌 셈이야. 이래서는 좋은 점수를 받기 어렵지 않겠어?

그리고 매듭으로 상징되는 논리와 지식의 문제를, 칼로 상징되는 힘과 폭력으로 해결하려 한다면 문제를 근본적으로 해결한 것이 아닐 뿐더러 부작용이 따를 수 있어.

실제로 알렉산드로스의 제국은 얼마 못 가 조각난 매듭처럼 분열되었어. 알렉산드로스가 이웃 나라를 정복하는 데는 뛰어났다 해도 정복한 나라들을 다스리는 데는 미흡했다는 방증으로 볼 수 있지 않을까?

이런 견해에 따르면 알렉산드로스의 문제 해결 방식은 치명적인 약점을 가지고 있는 셈이지. 이런 약점을 '아킬레스건'이라고 해.

아킬레스건 Achilles' tendon

일본 축구팀은 공격수가 부족하다는 점이 아킬레스건이다.
아무리 강해 보이는 사람도 아킬레스건 한두 개는 있다.

아킬레스건은 총 이름이 아니야. 아킬레스 + 건힘줄으로 종아리 근육과 발뒤꿈치를 연결하는 튼튼한 힘줄을 말하지.

아킬레스건은 사람 몸에 있는 힘줄 중에서 가장 튼튼한데, 사고를 당해 끊어지기라도 하면 걷거나 뛰기는커녕 일어서지도 못하게 돼.

유명한 운동선수 중에도 아킬레스건 부상으로 은퇴한 사람들이 많아. 2002년 월드컵 당시 맹활약했던 황선홍 선수가 그랬고, 격투기 선수로 유명한 밥 샙 역시 원래 미식축구 선수였는데 아킬레스건 부상으로 은퇴하고 격투기에 몸을 담았지.

그런데 힘줄 이름인 아킬레스건이 외견상 좋아 보이는 어떤 존재나

논리 등에 내재되어 있는 결정적인 약점을 의미하는 건 왜일까?

그리스 신화를 보면 옛날 트로이 전쟁 당시 아킬레스라는 용사가 나와. 아킬레스의 어머니는 아들을 불사신으로 만들기 위해 발뒤꿈치를 잡고 스틱스라는 강물에 담갔다 꺼냈지. 그 뒤로 아킬레스는 무적이 되었지만 어머니가 손으로 잡고 있던 발뒤꿈치가 약점으로 남았대. 결국 아킬레스는 트로이의 왕자 파리스가 쏜 독화살을 발뒤꿈치에 맞고 숨을 거두게 되지.

이런 영웅 설화들이 가진 얼개는 비슷해. 제아무리 뛰어나고 강한 존재라도 약점이 있고, 바로 그 약점으로 인해 죽음을 피하지 못했다는 거야. 현대판 영웅 신화라 할 수 있는 슈퍼맨도 크립토나이트 근처에만 가면 꼼짝을 못 하잖아. 그 외에도 엑스맨 등 OO맨 종류의 만화나 영화를 보면 주인공이 꼭 약점 한두 개씩은 가지고 있어. 결국 인간은 유한한 존재요, 불완전한 존재라는 거지.

국립국어원은 외래어 표현인 아킬레스건 대신에 쓸 수 있는 우리나라 말을 공모해서 '치명(적) 약점'을 쓰기로 결정했어. 그러니 가급적 우리말 표현을 쓰는 것이 좋겠지?

하지만 여전히 신문과 방송 등에서 아킬레스건을 습관적으로 쓰고 있어. 원래 익숙한 언어 표현은 쉽게 바뀌지 않기도 하지만, 사람들이 우리말 사랑에 무관심한 것도 문제라고 봐. 이럴 때 '소 귀에 경 읽기'라는 표현을 쓸 수 있어.

소 귀에 경 읽기

아무리 공부하라고 해도 듣지 않으니 소 귀에 경 읽는 셈.
여론의 질타에도 당사자들은 소 귀에 경 읽기 식으로 들은 체도 안 한다.

문자 그대로, "음메~" 우는 소의 귀에 대고 경(유교나 불교의 경전)을 읽는 꼴이란 뜻이야.

유교의 경전은 사서삼경. 사서는 『대학』, 『논어』, 『맹자』, 『중용』을, 삼경은 『시경』, 『서경』, 역경을 말함. 『금강경』, 『화엄경』, 『법화경』은 불교의 경전.

소는 우직하고 순하다 못해 미련해 보이기도 하지. 그래서 옛 사람들은 가장 친근하면서도 미련함을 상징하는 동물인 '소'의 귀에, 누구나 제목은 알지만 내용을 이해하기 어려운 책인 '경' 읽기라는 표현을 써서, 아무리 가르치고 일러 주어도 알아듣지 못하는 미련함과 답답함을 비유했어.

비슷한 사자성어로 대우탄금對牛彈琴이 있어. '소를 마주해서 거문고를 뜯는다'는 뜻인데, 소가 음악을 알아들을 리 없으니 소 귀에 경을 들려 주는 것과 매한가지지.

그런데 소 귀에 경 읽기란 표현을 가지고 뉴스 검색을 해 보면 아주 이상한 점을 발견할 수 있어. 거의 대부분 그 대상이 정부와 같은 정치권이나 공무원, 대기업, 은행, 대학교 등을 지칭하고 있다는 거야.

이상하지 않아? 이런 분야에 있는 사람들이 다 소나 말처럼 무지한 사람들이냐 하면 그렇지 않거든. 도리어 아주 똑똑하고 공부도 많이 한 사람들이 대다수잖아. 그런데도 왜 그런 좋지 못한 평을 듣는 걸까?

그들의 '복지부동'하는 태도 때문이야.

복지부동 伏地不動

경제 관료들의 복지부동 행태는 한심할 정도다.
여야 모두 공무원들의 복지부동을 뿌리 뽑자고 한목소리를 냈다.

땅에 납작 엎드려 움직이지 않는다는 뜻으로, 주어진 일이나 문제를 처리하려 하지 않고 몸을 사리는 사람이나 행동을 일컫는 말이야.

원래는 군사 용어로, 위급한 전투 상황에서 총알을 피하기 위해 몸을 낮추고 움직이지 않는 자세를 말해. 위험이 다가왔을 때 작은 벌레나 동물

등이 꼼짝 않고 숨어서 위험이 지나가기만 기다리는 모습을 연상하면 돼.

글자 생김새만 보면 '요지부동'과 같은 의미로 생각하기 쉽지만, 요지부동搖之不動은 흔들어도 꼼짝하지 않는다는 뜻으로 꿋꿋하거나 흔들림 없는 모습을 표현할 때 사용해. 그 자체로는 특별히 좋거나 나쁘다는 평가를 담고 있지 않아서, 지칭하는 대상에 대한 부정적 평가를 담고 있는 복지부동과는 차이가 있어.

오히려 편안한 데 머물러 의미 있는 일을 잊어버린 걸 뜻하는 무사안일無事安逸이라든지, 자기 몸을 보호하느라 중요한 일을 하지 않음을 뜻하는 보신주의保身主義가 복지부동에 더 가깝지.

그런데 복지부동은 어쩌다 부정적인 의미를 갖게 된 걸까?

이 말이 신문과 방송 등에서 유명해진 계기는, 1993년 김영삼 대통령 정부 초기에 대대적인 개혁을 시작하면서부터야. 당시 정부는 기존의 불합리한 관행이나 각종 비리를 근절하기 위해 공무원들에 대해 대대적인 조사를 실시했어. 그 과정에서 잘못이 드러난 경우 강하게 처벌했지. 이것을 '사정'이라고 불렀어. 아마 "정국에 사정 바람이 분다"는 말을 몇 번은 들어 봤을 거야.

그랬더니 일부 공무원들이 조금이라도 어렵고 골치 아픈 일들은 외면하고, 일상적인 업무만 하면서 빨리 세월이 가기만 기다리더라는 거야. 괜히 어려운 일에 발 벗고 나섰다가 책임질 일이 생기면 직장을 잃을 수도 있으니, 무능하고 게으르다는 소리를 듣는 한이 있더라도 안전하게 살고 싶었던 거지. 그러자 그런 공무원들의 행태를 비판하는 기사가 쏟아져 나왔는데 그 와중에 '복지부동'이라는 표현이 등장했어.

이후 복지부동은 공무원, 정부, 공기업의 무사안일 풍조나 무책임함을 표현하는 말로 사용되어 왔어. 그런데 요즘은 대기업이나 대학교 같은 민간 조직들도 규모가 커지면서 복지부동하는 행태가 나타나고 있다고 해.

공적인 일이나 중요한 일을 맡은 사람들이 일을 게을리하면 결국 대다수 국민들이 피해를 입고, 나라의 발전에도 장애가 될 수밖에 없겠지? 그런 의미에서라도 복지부동을 막아야 하는데 '신상필벌'을 분명히 하는 것도 한 가지 방법이라고 할 수 있어.

신상필벌 信賞必罰

공직 사회를 개혁하려면 신상필벌이 필수적이다.
지도자는 법을 세워 신상필벌을 명확히 해야 한다.

춘추전국시대의 중국은 수많은 나라들로 분열되어 다툼이 끊이지 않았기 때문에 사회가 몹시 혼란스러웠어. 그래서 법과 제도를 통해 상과 벌을 분명히 함으로써 사회질서를 세우려는 사상이 나타났는데 이를 법가사상이라고 해.

법가사상의 대표적인 인물은 『사기』에 나오는 중국 진秦나라의 재상 상앙이야.

상앙은 어느 날 진나라 수도의 남문에 말뚝을 세우고는 그것을 북문으로 옮기는 자에게 큰 상을 준다고 했어. 사람들은 그까짓 일로 무슨 상을 주겠느냐며 믿지 않았지. 그런데 한 사람이 장난삼아 말뚝을 옮겼더니 상앙이 정말로 상을 주는 거야. 이때부터 백성들은 국가의 법을 확실히 믿게 되었다고 해.

그 외에 한비자, 조조, 제갈량도 법가사상의 대표 주자라 할 수 있어.

법가사상을 한마디로 보여 주는 것이 '읍참마속'이야.

제갈량이 촉나라 군대를 이끌던 시절, 무척 아끼던 마속이란 장수가 있었어. 그런데 마속이 명령을 어기는 바람에 전투에서 패하자 제갈량은 안타까움에 눈물을 흘리면서도 결국은 군법을 지키기 위해 그의 목을 베었어.

이처럼 잘한 사람에게는 확실히 상을 주고 잘못한 사람에게는 확실히 벌을 주는 것을 신상필벌이라고 해.

그런데 어째서 신상필벌이 복지부동을 해결하는 방법이 될 수 있는 걸까? 앞에서도 얘기했듯이 우리나라에서 복지부동은 공직 사회에 대한 대대적인 사정 때문에 위축된 공무원들의 모습을 표현하는 말로 신문에 실리기 시작했어. 그러나 무엇이든 과도하면 부작용이 따르게 마련이야. 열심히 일하더라도 상 받기는 어려운 반면, 잘못할 경우 벌 받기는 쉬운 구조였으니 소신껏 일하기도 쉽지 않았을 거야.

그러니 개개인의 능력에 따라 적재적소에서 일할 수 있도록 환경을 만들어 주는 한편, 불합리한 조직 문화와 인사 구조를 개선하여 잘한 사람에게는 상을 주고 못한 사람에게는 벌을 내린다면 복지부동하는 행태를 어느 정도 예방할 수 있겠지. 하지만 이런 원리를 안다고 해도, 잘잘못에 대해 시험 성적처럼 점수가 매겨지는 것이 아닌 이상 현실에서 구체적으로 적용하기란 쉽지 않아.

교실에서도 누구의 관점을 기준으로 하느냐에 따라 한 사람에 대한 평가가 엇갈리곤 하잖아? 선생님의 기준이 아무래도 성적에 치우치는 반면 친구들은 인간성을 으뜸으로 치니까.

2

리콜

기업의 사회적 책임

다국적기업

탄소발자국

지구온난화

불편한 진실

나비효과

카오스이론

리콜 recall

요즘 수입 자동차 리콜이 크게 늘어나고 있다.
자동차의 경우에는 대개 안전에 심각한 문제가 발견됐을 때 리콜을 실시한다.

리콜이란 제조업체가 이미 판매한 제품에 문제가 발생할 소지가 있을 때 돈 안 받고 점검해 주거나 교환해 주는 제도를 말해. 우리말로는 '결함사전점검서비스제도'라고 하지.

예를 들어 새 자동차의 브레이크가 가끔씩 말을 듣지 않는다면 그 차를 모는 사람들 중 누군가는 교통사고를 당할 수도 있겠지? 그러면 그 책임은 문제의 자동차를 만들어 판매한 회사가 져야 하거든.

사고가 난 뒤에 물어주느니 미리 그 자동차를 전체 수거해서 브레이크를 손보거나 아예 환불해 주는 것이 더 나아. 그래서 리콜이라는 제도가 나온 거야.

그렇다면 A/S, 그러니까 애프터서비스랑 뭐가 다를까?

애프터서비스는 소비자가 제품을 사용하다 고장이 났을 때 수리해 주는 걸 말해. 그래서 사후^{after} 서비스^{service}라고 하지.

하지만 리콜은 회사가 제품에 문제가 있다는 것을 안 즉시 제품을 추적해서, 아직 팔리지 않았다면 매장에서 수거해 오고 이미 팔렸다면 사간 사람들로부터 수거해서 미리미리 고쳐 주거나 환불해 주는 것이기 때문에 사전^{before} 서비스라고 할 수 있어.

애프터서비스는 소비자들이 건건이 요청하는 경우가 대부분인 반면, 리콜은 회사가 공개적으로 신문이나 방송을 통해 널리 알려서 점검을 받도록 한다는 차이가 있어.

리콜은 사고를 미리 예방한다는 점에서 바람직한 제도야. 하지만 처음부터 튼튼하고 질 좋은 제품을 판매했다면 리콜을 할 이유도 없을 것이고 소비자들을 번거롭게 하지도 않았을 테니 리콜을 한다고 해서 좋은 회사라고 단정 지을 수는 없어. 물론 제품에 문제가 있다는 것을 알면서도 사고가 터질 때까지 모른 척하는 양심불량 기업보다야 낫지만.

2010년 초에 리콜과 관련해서 언론에 자주 오르내렸던 기사가 하나 있었어. 바로 일본의 유명한 자동차 회사인 토요타의 리콜 사태였어. 뛰어난 품질을 자랑하던 토요타가 2009년 말부터 부품 결함을 이유로 1,000만 대 이상의 대량 리콜을 실시했는데, 이 때문에 회사와 제품 이미지가 모두 추락했지.

토요타 사장은 미국 의회에 출석해서 공개적으로 사과하고 해명했지만 미국 시장에서 토요타 자동차의 판매량은 급감했어. 상대적으로 우리나라의 현대·기아자동차가 반사 이익을 얻기도 했지.

　이런 일이 생긴 이유 중 하나는 글로벌 생산 시스템 때문이었어. 일반 부품은 동남아에서, 첨단 부품은 일본에서, 조립은 미국에서 하는 식으로 세계 곳곳에 공장을 분산시켜 놓은 것이 결국 품질 관리를 어렵게 만들었다는 거야.

　이처럼 세계 곳곳에 공장과 판매망을 갖추고 활동하는 기업을 '다국적기업'이라고 해.

다국적기업 multinational enterprise
다국적기업들, 이례적으로 빈곤 문제에 눈돌려.
다국적기업의 투자를 유치하면 국내 일자리도 늘어난다.

사람마다 한국인, 일본인 같은 국적이 있듯이 기업도 국적이 있어. 그중 국적이 여러 개인 기업을 다국적기업이라고 해.

동인도회사
1600년대 초 영국, 네덜란드 등이 인도 등 아시아 지역을 식민 지배하기 위해 만든 회사. 향신료 등 특산품에 대한 독점적인 무역권을 가지고 막대한 이득을 거둬들임.

동양척식주식회사
1908년 일본이 만든 회사. 일제강점기 내내 조선의 토지와 농산물 및 광물을 수탈하는 데 앞장섬.

　예를 들어 '흔글'을 만든 한컴이 토종 한국기업인데 반해, 세계 각지에서 영업하고 있는 네슬레, 스타벅스, 맥도날드, 나이키, 씨티은행, GM 같은 기업들은 다국적기업이야.

　다국적기업은 동인도회사나 동양척식주식회사처럼 제국주의 국가들이 식민지에 세웠던 회사들에서 그 시초를 찾을 수 있어. 그런 회사들은 어디까지나 본국에 본사를 두고 식민지에서 원료를 수탈하는 식이었으니, 현대의 다국적기업이 각 나라에서 독자적으로 기업을 경영하는 것과는 차이가 있지만 말이야.

국제화 시대가 되면서 외국에 지점을 두거나 외국인을 채용하는 기업들이 너무 많아지다 보니 다국적기업을 정의 내리기가 점점 힘들어지고 있지만 대개는 이렇게 정의할 수 있어.

- 두 개 이상의 국가에 걸쳐 현지법인을 보유한 채 국경에 구애받지 않으며 자유롭게 사업을 하는 기업
- 여러 나라 사람에 의하여 경영되고 여러 나라 사람들이 주식을 나눠 가지는 기업

> **현지법인**
> 기업의 해외 진출을 원활히 하기 위해 외국 법에 따라 외국에 설립한 별도의 회사를 가리킴. 본국의 본사에 종속되지 않고 독립적으로 의사결정을 하며 권리와 의무의 주체가 됨.

이런 기준이라면 삼성, 현대자동차, LG, SK, 포스코 같은 웬만한 대기업들 모두 다국적기업에 해당돼.

삼성이나 현대가 다국적기업이라니 조금 이상하지? 다국적기업에는 모국이 없다는 오해 때문인데, 그런 오해는 다국적기업들이 외국 회사라는 이미지를 벗고자 '우리는 글로벌 기업이라 특정 국가의 기업이 아니다'라는 식으로 홍보를 하기 때문에 생겨났지.

실제로도 다국적기업들은 각 나라에서 다양한 경제활동을 통해 해당 국가의 경제 발전에 기여하고 있어. 또 현지인들을 고용해서 일자리를 만들어 주기도 하기 때문에 대부분의 나라들은 다국적기업이 투자하는 것을 환영하는 분위기야.

하지만 아무리 다국적기업이고 글로벌기업이라도 모국은 있게 마련이지. 삼성이나 현대는 한국계, 닌텐도나 토요타는 일본계, 씨티은행이

나 GM은 미국계라는 사실엔 변함이 없어.

아무리 허울 좋게 포장해도 결국 그 회사가 어느 나라에서 생겨나 성장했는지, 그리고 어느 나라 사람이 실질적인 주인인지가 그 회사의 국적을 결정하는 거야. 그러니 다국적기업이 투자를 한다고 해서 무조건 좋아하기보다는, 다국적기업들이 우리 경제에 도움이 되는 방향으로 활동하도록 지혜롭게 유도할 필요가 있어.

갈수록 다국적기업들이 늘어나고 그 규모가 커지다 보니, 경제협력개발기구OECD도 지난 2000년 '다국적기업 가이드라인'을 통해서 '기업의 사회적 책임'을 강조하고 있어.

기업의 사회적 책임

장애인 고용 확대로 기업의 사회적 책임과 나눔 경영을 실천한 OO그룹.
기업의 사회적 책임은 이제 선택이 아니라 생존을 위한 필수다.

기업의 사회적 책임이란, 기업도 어디까지나 사회의 중요한 일원이니 사회에 기여해야 한다는 뜻이야. 기업이 거대해지면서 국가나 지역사회에 미치는 영향도 함께 커지고 있기 때문에 사회적으로 책임감 있는 모습을 보이라는 거지.

'기업의 사회적 책임'이라는 말은, 1953년에 미국 뉴저지 법원이 내린 판결에서 유래해.

AP스미스라는 재봉틀 회사가 어떤 대학교에 기부금을 냈는데, 주주 한 사람이 이에 소송을 제기했어. 경영자가 함부로 주주의 몫을 대학에 기부한 것은 무효라는 주장이었지. 하지만 법원은 회사의 손을 들어 주었어. 그 기부행위가 기업 이익에 직접적인 보탬이 되지는 않지만 '기업의 사회적 책임'으로 인정되어야 한다는 논리였지. 들어 보니 좋은 얘기지?

문제는 이것이 기존 자유주의 시장경제 원리와 사뭇 다른 논리라는 점이야. 그래서 기업인 단체 쪽에서는 주로 이렇게 주장해. 기업은 원래 영리를 목적으로 하는 곳이다, 열심히 돈 벌어 직원에게 월급 주고 주주들에게 이익금을 배당하는 것이 곧 사회에 기여하는 것이다, 그 이상의 도덕적 책임을 요구하는 것은 시장경제 원리에 어긋난다.

하지만 기업의 사회적 책임은 이제 거스를 수 없는 글로벌 스탠더드야. 즉, 현대사회에서 기업은 더 이상 옛날처럼 주주, 경영자, 종업원만의 것이 아니라 그 기업과 거래하는 다른 기업, 소비자, 지역사회, 국가, 나아가 전 세계 경제와 연결된 존재라는 거지.

그래서 요즘 우리나라의 대기업들도 너 나 할 것 없이 각종 사회공헌 활동을 하고 있잖아. 불우이웃에 기부한다든지, 직원들이 봉사 활동에 나선다든지, 금연 홍보 같은 공익 캠페인에 동참한다든지.

다만 앞서 얘기했다시피 기업의 본질은 영리성이기 때문에 사회공헌만을 절대적인 기준으로 삼아 기업을 평가한다면 본말이 전도될 수도 있어. 또 기업의 사회적 책임을 얘기할 때는 각종 사회공헌 캠페인에 얼마나 참여했느냐보다는, 그 기업이 얼마나 공공질서를 잘 지키면서 윤리적 경영을 하고 있는지를 중점적으로 봐야 해. 오염 물질 배출, 노동자 착취, 뇌물 수수, 불공정 거래, 세금 포탈 등 범죄행위를 저지르면서도 활발한 사회공헌으로 면죄부를 받는 기업이 없는지 눈여겨봐야 한다는 뜻이지.

기업의 사회적 책임과 관련해서 요즘 국제적으로 가장 많이 거론되는 것이 바로 탄소 배출량 줄이기에 동참하고 있느냐야. 각국에선 기업이 상품을 생산하면서 얼마나 많은 이산화탄소를 배출했는지, 그것을 줄이기 위해 얼마나 노력하고 있는지를 공개하는 '탄소' 라벨링 제도를 실시하고 있어.

탄소발자국 carbon footprint

로컬 푸드는 탄소발자국을 줄이는 좋은 방법이다.
환경 단체들, 탄소발자국 줄이는 착한 소비에 앞장서.

탄소발자국이란 사람이 활동을 하거나 상품을 만들고 사용하는 과정에서 직접 혹은 간접적으로 발생되는 이산화탄소 CO_2의 총량을 뜻해.

그런데 왜 발자국이란 표현을 썼느냐고? 사람이나 동물이 땅에 발자국을 남기듯 우리가 생활하면서 지구 환경에 흔적을 남긴다는 것을 비유적으로 표현한 거야.

이 표현은 2006년 영국 의회 과학기술처에서 처음 사용됐어. 지금은 이산화탄소를 적게 배출하도록 유도하기 위한 캠페인에서 자주 사용되고 있는데 무게를 나타내는 kg이나 심어야 하는 나무

데이트 비용만 생각하는 커플

수로 그 수치를 나타내.

예를 들면 '서울에서 제주도까지 4인 가족이 비행기로 왕복하면 그로 인해 발생한 이산화탄소를 없애기 위해 소나무 5그루를 심어야 한다'는 식으로 표시하는 거지.

영국, 미국, 캐나다, 일본 등지에서는 기업에서 만든 생산품에 탄소발자국을 라벨 형태로 붙여서 표시하는 탄소 라벨링 제도가 이미 시행되고 있고, 우리나라에서도 비슷한 방식으로 지난 2009년 2월부터 탄소성적표지인증제도라는 것이 시행되고 있어.

이런 제도를 도입하는 이유는 사람들로 하여금 대기 오염에 대한 경각심을 높여서 이산화탄소 같은 온실가스 배출을 줄이려는 거야.

그런 취지에서 자신의 탄소발자국을 인터넷에서 쉽게 계산해 볼 수 있도록 하는 프로그램도 나왔어. 녹색연합 safeclimate.greenkorea.org, 그린스타트 www.greenstart.kr 등의 홈페이지에서 '탄소발자국 계산기'를 무료로 제공하고 있어.

그런데 말이야, 세상에는 여러 종류의 환경 오염이 있고 인체에 해로운 독성 물질도 많은데, 왜 하필 탄소를 콕 집어 문제를 삼는 걸까? 특히 이산화탄소 자체는 공기 중에 항상 포함되어 있어서 우리에게 유독한 물질이라고 보기는 어려울 텐데. 이산화탄소 자체는 인간에게 별로 해롭지 않아. 하지만 70억 세계 인구가 배출하는 이산화탄소의 양이 어마어마하다는 게 문제지. 대기 중에 이산화탄소

환경까지 생각하는 커플

가 너무 많아지면 '지구온난화' 현상이 일어나기 때문에 탄소 배출을 규제하는 거야.

지구온난화

기록적인 한파로 지구온난화 논란 재점화.
올 여름 기상이변의 주범은 지구온난화.

갈수록 여름 날씨가 더워진다는 얘기, 많이 들어 봤지?

지구온난화란 원래 지구 표면의 평균 기온이 상승하는 현상을 말하는데, 그 때문에 생태계가 변화하거나 기상이변 등이 발생하는 것까지 통틀어 지칭하기도 해.

사실 1970년대까지만 해도 대기오염으로 인해 구름이 많이 생기면서 지구의 온도가 내려갈 것이라는 견해가 많았지만 현실은 그렇지 않았어. 지구온난화 이론은 1980년대 들어서부터 힘을 얻었고, 1988년에 미국 항공우주국NASA의 제임스 핸슨 박사가 미국 의회에 출석해 그 위험성에 대해 증언하면서부터 세계적으로 유명해졌지.

세계 대다수의 기상학자들은 지구온난화의 주범으로 인간이 배출한 온실가스, 즉 이산화탄소, 메탄가스, 수증기, 프레온가스 등을 지목하고 있어. 이것들이 지구 표면에 이른바 '온실효과'를 일으키고 있다고 해.

온실효과가 무슨 뜻이냐고? 비닐하우스나 식물원 같은 온실에 들어가 보면 추운 날씨에도 더운 공기가 가득 차 있지? 그처럼 온실가스가 지구 대기에 막을 쳐서 태양열을 붙잡아 둠으로써 지구 표면이 온실처럼 더워지는 것을 가리키는 거야.

지구가 온난화 되면 어떤 현상이 나타날까?

어떤 지역은 가뭄이 심해져 사막으로 바뀌고, 어떤 지역은 폭우와 홍수에 시달리게 되지. 그중에서도 제일 큰 문제는 남극지방과 북극지방 그리고 고산지대의 빙하가 녹아내려 해수면이 상승한다는 거야. 그렇게 되면 방글라데시나 몰디브같이 해발고도가 낮은 나라들은 바닷물 속으로 잠기게 된다고 해.

지구온난화는 그 외에도 각종 기상이변과 자연재해를 초래해. 〈투모로우〉, 〈2012〉 같은 재난 영화들을 생각하면 쉽게 이해가 될 거야. 두 영화 모두 가뭄과 홍수, 태풍과 해일 및 극심한 한파로 인해 인류의 절반 이상이 죽거나 다치는 상황을 실감나게 묘사해서 충격을 주었지.

지구온난화 문제를 해결하기 위해 세계 각국은 지난 1997년 기후변화협약을 체결하고, 지구온난화의 주범인 온실가스, 즉 탄소의 배출을 줄이기로 합의했어. 그런데 아이러니한 것은 전 세계 탄소 배출량의 거의 절반을 차지하고 있는 두 나라가 이 협약에 가입하기를 거부했다는 거야.

그 두 나라가 어느 나라일까? 바로 미국과 중국이야.

협약에 가입하면 탄소 배출을 줄여야 하는데, 그 경우 자국 기업에 부담을 줘서 경제가 어려워진다는 게 이유였어. 국제 환경 단체들은 미국과 중국의 이기적인 행태에 강도 높게 비난했어. 그러나 결국 강대국인 미국과 중국이 빠진 채 나머지 나라들만 참여하고 있고, 그러다 보니 탄소 배출량이 줄기는커녕 점점 더 늘어나고 있는 것이 현실이야.

어때, 이런 이야기를 들으면 마음이 편하지는 않지? 하지만 사실은 분명히 알려져야지. 이럴 때 우리는 '불편한 진실'이라는 표현을 쓸 수 있어.

불편한 진실 An Inconvenient Truth

살다 보면 때로는 숨기고 싶을 만큼 불편한 진실을 마주하게 된다.
기분 좋은 거짓말과 불편한 진실 중 어느 것을 택하겠는가?

'불편한 진실'은 원래 영화 제목이야. 전前 미국 부통령 앨 고어가 제작한 동명의 다큐멘터리 영화는 지구온난화의 문제점을 충격적으로 그려 내어 전 세계인들의 주목을 받았어. 그 덕분에 앨 고어는 노벨 평화상을 수상했지.

'불편한 진실'이란 표현은 이때부터 널리 사용됐어. 인정하고 싶지 않지만 사실인 경우를 표현하는데 예를 들어 '달콤함 뒤에 숨은 아이스크림의 불편한 진실'이라고 하면 맛있는 아이스크림이 실제로는 몸에 좋지 않다는 뜻을 나타내는 거야.

그런데 최근에는 그 영화에 대해서도 뒷말이 무성해. 일부러 극단적인 환경 파괴 사례들만 골라서 지구온난화의 피해를 과장했다는 거야. 노벨상 수상을 노리고 일부러 그랬다는 거지. 실제로 지구온난화 이론이 근거가 없거나 심하게 과장되어 있다는 연구 결과들이 나오고 있기 때문에 이 문제는 좀 더 생각해 볼 필요가 있어.

같은 사안을 두고 왜 이렇게 견해가 갈리는 걸까? 먼저 지구온난화 이론을 지지하는 사람들은 이렇게 얘기해.

- 요즘 지구의 기온이 급격히 상승하고 있고,
- 기온 상승은 인간이 환경을 오염시킨 탓이며,
- 이로 인해 빙하가 녹아서 해수면이 상승하고 기상이변이 일어난다.

반면, 최근 연구 결과를 근거로 그 의견에 반대하는 사람들도 많아.

- 지구의 기온은 원래 오르락내리락하는 데다 지구 전체의 기온이 상승했다는 증거가 없고,
- 중세시대는 기온이 지금보다 더 높았기 때문에 환경오염 때문에 기온이 상승했다는 것은 잘못된 주장이며,
- 빙하가 예상보다 빨리 녹지 않고 있다.

실제로 히말라야 빙하가 2035년이면 모두 사라진다는 기후변화에 관한 정부간 협의체[IPCC]보고서는 2350년을 잘못 인용한 것으로 드러났대.

양측 의견이 팽팽하다 보니 음모론도 들리고 있어. 지구온난화 이론은 개발도상국의 발전을 방해하려는 선진국들의 음모라거나 배후에 녹색성장 기업들이 도사리고 있다는 주장이 있는가 하면, 지구온난화 이론을 비판하는 사람들이 석유회사나 축산업자들과 유착되어 있다는 의혹도

녹색성장 기업
환경 파괴나 에너지 소모를 최소화하면서 경제를 발전시키자는 녹색성장 이론에 걸맞게 활동하는 기업들. 예를 들면 풍력, 태양력 발전 등 대체에너지 기업이나 첨단 기술로 환경오염을 최소화하는 기업 등을 말함.

나오고 있어.

그나저나 지구의 평균 기온이 겨우 1도 상승하는 것 가지고 엄청난 문제가 뒤따른다고 하니 신기하지 않아? 이처럼 작은 변화가 큰 결과를 초래하는 현상을 '나비효과'라고 해.

나비효과 butterfly effect

고교 선택제 나비효과로 강남 주변 지역마저 집값이 올랐다.
별 생각 없이 한 말이 이처럼 큰 영향을 미치다니, 나비효과가 따로 없네.

일기예보가 틀릴 때마다 우리는 그보다 속 터지는 일이 없다는 듯 격분하지만, 사실 날씨는 굉장히 자주 변해서 기상청도 정확히 예측하기가 어려워. 다른 지역에서 일어난 조그만 변화에도 예상치 못한 기상 현상이 나타나거든. 심지어 브라질에 있는 나비의 날갯짓이 미국 텍사스에 태풍을 발생시킬 수도 있다고 해.

이와 관련해 미국의 기상학자 에드워드 로렌츠E. Lorentz가 주장한 과학 이론을 나비효과라고 해. 로렌츠가 이 이론을 처음 주장할 때는 갈매기의 날갯짓이라고 했는데 좀 더 극적인 표현을 하기 위해 나비의 날갯짓이라고 바꿨대.

기상학 용어에서 유래한 이 말은 요즘에는 사회현상, 특히 경제 분야에서 자주 쓰여. 인터넷과 이동통신의 발달로 정보의 흐름이 매우 빨라지면서 어느 한 나라에서 발생한 작은 일이 전 세계에 파급효과를 일으키는 경우가 많아지고 있거든.

실제 우리나라도 세계 경제에 나비효과를 일으킨 적이 있어.

지난 2005년이었어. 우리나라의 중앙은행인 한국은행이 외환보유고를 기존의 미국 달러화 외에 EU의 유로나 일본 엔화 등으로 다양하게 하겠다는 보고서를 만들어 국회에 제출했어. 이 소식은 언론사들을 통해 외국에 알려졌는데 국제 금융 투자 회사들이 이 뉴스를 심각하게 받아들이면서 불과 사나흘 사이에 세계 금융시장이 크게 요동치고 만 거야.

> **외환보유고**
> 한 나라의 정부 또는 중앙은행이 가지고 있는 외국 돈의 총액을 말함. 외환보유액이라고도 함.

미국 달러가 세계적으로 가장 널리 쓰이기 때문에 세계 각국의 외환보유고에는 달러 비중이 가장 커. 우리나라는 그중에서도 특히 달러 보유액이 많은 나라야. 그런 우리나라가 갖고 있는 달러를 유로나 엔으로 바꾼다면 달러 값이 떨어지겠지? 그러면 일본, 중국 등 다른 아시아 국가들도 달러가 더 떨어지기 전에 내다 팔 것이라는 우려가 전 세계에 퍼지면서 세계 금융시장에서 미국 달러의 가치가 폭락한 거야.

부랴부랴 한국은행이 나서서 사태를 수습했지만 미국 달러와 주식시장이 폭락하면서 이미 전 세계 금융시장이 큰 충격을 받은 뒤였지.

보고서에 있는 문장 한 줄이 그토록 큰 영향력을 발휘할 줄은 한국은행도 전혀 몰랐겠지. 이렇게 작은 행동이 사회·경제적으로 예상 외의 파급효과를 일으켰을 때 나비효과라고 표현하는 거야.

나비효과를 토대로 한 새로운 물리학 이론도 등장했는데 그것을 '카오스이론'이라고 해.

카오스이론 chaos theory

재테크 카오스 시대, 돌파구는 어디에?
국내 가전제품 시장에 카오스이론을 적용한 제품이 속속 등장하고 있다.

카오스이론은 겉보기엔 불규칙적이고 혼란스러운 듯하지만 나름의 규칙과 질서를 유지하고 있는 현상들을 설명하는 이론이야. 아이작 뉴턴의 업적 이후 물리학의 가장 큰 발전을 가져온 이론이라고 말하는 사람들도 있어.

'카오스'는 그리스어에서 유래한 말로 태초의 캄캄하고 텅 빈 공간을 의미해.

고대 그리스인들은 태초의 우주에는 무질서하고 공허한 공간만이 있었을 뿐 모양이나 형태를 갖춘 존재는 하나도 없었을 거라고 생각했고, 이것을 '카오스chaos : 무질서, 혼돈'라고 불렀어. 그런 카오스로부터 갑자기 형태와 모양이 갖춰진 물체들이 나타나면서 카오스는 끝나고 현재의 우주를 뜻하는 '코스모스cosmos : 질서'로 바뀌었다고 해.

국립과천과학관 1층의 기초 과학관에 가면 '카오스 수차'라는 장치를 통해서 카오스이론을 직접 체험해 볼 수도 있어.

카오스 수차란 ▽ 모양의 컵 8개가 가지런히 달린 물레방아인데, 위에서 물이 흘러나와 컵에 물이 차면 수차는 한쪽으로 회전하게 되지. 그러면 반대쪽 컵에 물이 차니 다시 반대 방향으로 회전하고. 이것이 반복되면서 수차가 카오스 상태처럼 갈팡질팡하게 되어 있어.

그럼 카오스이론은 어디에 쓰일까?

우선 카오스와 카오스이론을 구별할 필요가 있어. 카오스란 말의 본래 뜻과 달리, 과학 이론으로서의 카오스는 완전한 무질서가 아니야. 겉으로는 무질서하게 보이지만 내적으로는 놀라운 규칙성을 갖고 있는 현상을 가리키는 것이지.

그래서 카오스이론 대신에 '복잡성의 과학'이란 말을 쓰자는 사람들도 있어.

아마 대부분 영화 〈쥬라기 공원〉을 봤을 거야. 어떤 사업가가 화석 속에 남아 있던 공룡의 DNA를 채취하여 복제 세포를 만든 다음, 여러 가지 공룡들을 길러 내. 그리고 바다 한가운데 있는 섬에 아주 정교한 공룡 공원을 만들지.

그는 공룡들을 완벽하게 통제하고 있다고 생각했는데 작은 사고가 발생하면서 예상치 못한 사건들이 연달아 일어나. 급기야는 공룡들이 차례로 풀려나 사람들을 잡아먹는 등 엉망진창이 되어 버리지. 그야말로 혼돈, 즉 카오스 상태였던 거야.

그런데 어느 정도 시간이 지나자 그 섬 안에서 제멋대로 날뛰던 공룡들이 나름의 생태 질서를 만들면서 살아가기 시작해. 혼돈 속에서 균형과 질서가 자연스레 생겨난 거지. 이런 현상을 카오스이론으로 설명할 수 있지.

이처럼 카오스이론은 예측하기 어려운 변화무쌍한 영역들, 예를 들면 주식시장이나 기상 변화를 예측하거나 급작스런 질병이 발생하지 않도록 예방하는 데 도움을 주는 이론이야. 눈으로 보기에는 너무 복잡해서 어떤 규칙성도 발견할 수 없지만 수많은 데이터를 세밀하게 분석해 보면 미묘한 규칙성이 있다는 건데, 미국이나 유럽에서는 특히 불규칙적인 생체 신호를 분석해서 심장마비 등을 예방할 수 있는 의료 장비를 만드는 연구가 활발해.

우리나라 의학계에서도 불규칙해 보이는 태아의 심장박동을 연구해서 태아의 건강에 이상이 있는지 없는지를 미리 알아내는 기술이 개발되었는데 카오스이론이 적용된 대표적인 사례라고 할 수 있어.

3

유전자 변형 농산물GMO

유토피아

디스토피아

순기능과 역기능

야누스의 칼

정체성

신고식

유토피아 ^{utopia}

그곳은 모든 것이 완벽하게 갖춰진 유토피아였다.
유토피아를 찾기 위한 인류의 노력은 계속되고 있다.

사시사철 따뜻하고 경치 좋은 곳에서 매일 놀고먹을 수 있는 세상이 있
을까, 없을까?

유토피아란 현실에서 찾을 수 없는 이상적이면서 완벽한 장소 또는
그런 세계를 의미해. 이상향은 유토피아의 한자 이름 정도라고 생각할
수 있지.

유토피아는 1516년 토머스 모어가 쓴 책 『유토피아』에 처음 나와. 없
다를 뜻하는 그리스어 'ou-'와 장소를 나타내는 그리스어 'topos'가 합
쳐진 단어야. 'ou-'는 발음하기에 따라서 '좋은'을 뜻하는 그리스어

'eu-'를 떠올리게도 하지. 현실에 없는 좋은 곳이란 이중적 의미를 갖게 한 거라고 해.

『유토피아』는 유럽이 중세시대로부터 근세시대로 막 넘어오던 시기에 쓰여졌어. 중세시대의 여러 가지 사회 문제를 뛰어넘어 새로운 세상을 만들자는 의도가 담긴 책이지.

유토피아 사상을 토머스 모어가 처음 창안한 것은 아니야. 기독교『성경』에 나오는 에덴동산은 아담과 하와가 근심이나 걱정 없이 살던 장소였고, 불교에는 서방정토西方淨土:서쪽에 있는 깨끗한 땅라고 해서 괴로움 없고 안락한 세상을 의미하는 말이 있어.

플라톤도『국가』라는 책을 통해 이상적인 국가를 제시했고, 그리스 신화에도 '아르카디아'라는 멋진 장소가 등장하지.

우리가 잘 아는 무릉도원武陵桃源도 있어. 옛날 중국의 한 어부가 배를 저어 복숭아꽃이 아름답게 핀 강줄기를 거슬러 올라가다가 굴 속에서 어떤 마을을 발견했는데 하도 살기 좋아 바깥세상과 담쌓고 살았다는 그곳 역시 이상향인 셈이지.

영국 작가 제임스 힐튼이 쓴 소설『잃어버린 지평선』에 등장하는 샹그릴라Shangri-la:마음속의 해와 달는 티베트 말인데, 거기 사는 사람은 늙지도 죽지도 않는다고 해.

이들 이상향에는 공통점이 있어.

- 현실 사회의 문제점이 완벽하게 해결된 곳이고,
- 모든 것이 풍족해 아주 살기 좋은 반면,
- 현실 세계와 동떨어져 도달하기 힘든 상상 속의 장소라는 점.

(아르카디아는 실제 그리스 지명이지만 신화 속 아르카디아는 상상력이 가미된 장소임.)

　다만 그 안에 담긴 사상에는 두 가지 다른 흐름이 있어. 하나는 현실 도피고 하나는 현실 개혁이야. 무릉도원이나 샹그릴라 등은 현실을 떠나 도피한다는 측면이 강한 반면, 유토피아에는 현실을 개혁해서 새로운 세상을 만들자는 주장이 담겨 있다고 볼 수 있어. 아무래도 서양에서 유토피아 사상이 등장하던 시기에는 과학 기술만 있으면 인류가 더 잘 살 수 있다는 희망이 넘쳤기 때문일 거야.

　하지만 시간이 갈수록 과학 기술 발전이 인류의 미래를 보장하지는 못한다는 깨달음이 퍼지면서 오히려 '디스토피아'라는 말이 등장하게 돼.

디스토피아 dystopia

매트릭스는 인류의 암울한 미래, 즉 디스토피아를 배경으로 하는 영화다.
유토피아를 만들려는 인류의 노력은 자칫 디스토피아를 만들 수도 있다.

　유토피아에 반대되는 개념으로, 역逆유토피아라고도 해. 나쁘다는 뜻의 그리스어 'dys'와 'topos'가 결합된 말이야.

　영국의 존 스튜어트 밀이 강압적인 전체주의적 사회에 대해 비판하는 뜻을 담아 의회 연설에서 처음 사용했는데 제1, 2차 세계대전을 계기로 널리 퍼지게 됐어. 유례 없는 대규모 전쟁을 두 차례나 겪는 동안 사람들은 과학 기술의 발전이 장밋빛 미래를 보장해 주는 것은 아니라는 사실을 깨달은 거지.

디스토피아의 세계는 올더스 헉슬리가 쓴 『멋진 신세계』와, 2차 세계대전 후 발표된 조지 오웰의 『1984년』에서 선명하게 드러나. 전자는 기계문명에 의해 지배받는 미래 세계를, 후자는 과학 기술로 무장한 독재자에 의해 억압받는 인류의 암울한 미래를 묘사했지.

이런 경향은 점차 SF영화 쪽으로 옮겨 가. 〈메트로폴리스〉, 〈블레이드 러너〉, 〈매트릭스〉, 〈터미네이터〉 등이 대표작이라 할 수 있어. 이들 영화에 나타난 미래 세계의 모습을 보면 디스토피아가 어떤 뜻인지 쉽게 이해할 수 있을 거야.

그런데 사람들은 왜 인류의 미래를 그렇게 부정적으로 묘사했을까? 그건 메시지를 분명하게 전달하기 위해서야.

현실 세계에서 이미 발생하고 있는 문제점들을 그냥 놔두면 미래 사회에서 얼마나 심각해질 수 있는지 보여 줌으로써 경각심을 주려는 거지. 유토피아를 만들려다 도리어 암울한 미래를 만들고 만다는 설정을 통해서 과학 기술을 이용할 때 도덕적인 면을 고려해야 한다는 주장도 담고 있고.

최근 들어 윤리적인 문제가 가장 많이 지적되는 과학 기술 분야는 아마도 '유전자 변형 농산물', 즉 GMO일 거야.

유전자 변형 농산물 genetically modified organisms

요즘 시중에 나와 있는 식품 중에 GMO 아닌 것을 찾기 어렵다.
GMO 식품의 안전성에 관한 논쟁이 끊이지 않고 있다.

비타민이 들어 있는 황금 쌀, 항암 효과가 있는 보라색 토마토, 기존 옥수수보다 2배 이상 수확량이 많은 수퍼 옥수수…. 모두 실제 존재하는 것들이야. 유전자 변형 기술을 통해 새로이 만들어진 품종들이지.

이런 유전자 변형 농산물을 GMO라고 해. 튼튼하고 생산량이 많아 식량난을 해소할 수 있는 데다 여러 가지 기능이 있어 쓸모가 많아.

지난 1996년부터 본격적으로 시작된 GMO 재배는 전 세계적으로 급속도로 늘고 있어. 이미 우리 식탁에 오르는 콩, 옥수수, 감자 중 대부분이 유전자 변형 품종들이라고 봐야 할 거야.

GMO를 대하는 시각은 미국과 유럽이 크게 달라. 유전자 조작 기술이 앞선 미국의 경우 슈퍼마켓에서 팔리는 식품의 절반 이상이 GMO야. 그러나 서유럽 국가의 환경 단체들은 GMO 곡물을 '프랑켄슈타인 식품'이라고 부르며 기피하고 있지.

환경 단체들은 왜 그렇게 유전자 변형 식품에 반대를 하는 걸까?

바로 인체에 미치게 될 영향 때문이야. 아직 특별한 피해가 나타나지는 않았지만, 그렇다고 안전성이 확실히 입증된 것도 아니거든. 동물 실험에서는 이따금 문제점이 발견되고 있어.

환경문제를 유발할 수 있다는 것도 또 하나의 문제야. 유전자 변형 농산물은 기본적으로 병충해나 잡초에 강한 종자들이기 때문에 농약 사용량이 적어 환경오염을 방지한다는 주장이 있지만, 기존 생태계를 교란시킬 수 있다는 주장도 만만치 않거든.

하지만 유전자 변형 농산물은 이미 널리 쓰이고 있는 데다, 세계적인 식량 부족 문제 때문에라도 완전히 금지시키기는 현실적으로 어려워 보여.

사실 GMO보다 더 큰 문제는 LMO야. LMO는 유전자 변형 생물체 living modified organisms를 가리키는 말이야. GMO가 옥수수나 콩 등 유전자 변형 농산물을 가리키는 데 비해, LMO는 주로 살아 움직이는 동물을 지칭하고 있어.

부경대학교 해양바이오신소재학과 김동수 교수 연구팀은 2010년 형광 송사리를 개발했어. 그전에는 평범한 미꾸라지보다 36배나 빨리 자라는 수퍼 미꾸라지도 개발했지.

그래서 앞으로는 유전자 변형 물고기가 세계 인구를 먹여 살리게 될 것이라는 견해가 있지만 한국해양수산개발원의 보고서에 따르면 유전자 변형 농산물보다 수산물이 더 위험하대. 식물과 달리 어류는 관리가 어렵고 생태계에 미치는 영향이 크다는 거지.

아무리 유전자 변형 연구가 중요하다 해도 기존 생태계에 위협적인 생물을 만들어선 곤란하고, 특히 인간 유전자를 조작하는 것은 정말 신중하게 고민해야 한다고 봐.

영화 〈스플라이스〉는 인간의 유전자와 각종 동물 유전자를 조합해서 만들어 낸 새로운 생명체가 사람들의 목숨을 위협한다는 내용으로 유전자 변형 연구의 어두운 면을 보여 주었다.

이처럼 유전자 변형 기술은 인류에게 도움이 되기도 하는 반면, 새로운 걱정거리를 안겨 줄 수도 있어. '순기능과 역기능'을 함께 가지고 있는 셈이지.

순기능과 역기능

조선시대 붕당정치는 역기능도 있었지만 부정부패를 막는 순기능도 있었다.
체벌에는 순기능도 있지만 역기능도 만만치 않다.

순기능이란 사회제도나 기구 등이 본래의 목적에 맞게 돌아가는 것을 뜻
하고, 역기능은 그 반대로 본래 목적에서 벗어나 바람직하지 못한 방향
으로 나아가는 것을 말해.

비슷한 개념의 과학 용어로 '작용과 반작용'이 있는데, 그 자체로는
어느 것이 좋고 나쁘다는 뜻을 담고 있지 않아서 '순기능과 역기능'이란
말과는 차이가 있어. 순기능과 역기능은 '좋다—나쁘다'라는 가치 평가
를 담고 있거든.

그럼 순기능과 역기능이라는 말은 어떤 상황에서 사용할 수 있을까?

요즘 초등학교에서조차 시행한다고 해서 논란이 되는 0교시를 생각
해 보자. 전교생을 손쉽게 더 오랫동안 공부시킬 수 있다는 점은 순기능
인 반면, 아침을 거르는 학생이 늘어나고 심각한 수면 부족으로 학습 능
률이 떨어지는 점은 역기능이겠지.

학교에서는 이 용어를 설명할 때 보통 '정보사회의 순기능과 역기능'
을 대표적인 사례로 소개하곤 해.

정보 공유를 통해 민주적 의사결정 과정에서 국민 참여가 확대된 점
이나 개인의 창의력 증대, 재택근무 등을 통한 개인 복지 향상은 순기능
이라 할 수 있어.

생각해 봐. 예전에는 만화가가 되려면 원고를 그려서 출판사에 보내

고, 출판사가 좋다고 해야 책을 낼 수 있었잖아. 그런데 요즘은 누구든지 아이디어와 실력만 있으면 인터넷 웹툰을 통해 만화가가 될 수 있지.

반면, 정보사회의 역기능은 청소년이 음란·폭력물에 더 쉽게 노출되거나 개인 정보 유출 등 사생활이 침해되는 점, 사이버 범죄가 극성을 부리는 점 등을 꼽을 수 있을 거야. 인터넷 악플러들이나 키보드 워리어들이 애꿎은 사람을 괴롭히는 것은 옛날에는 생각하기도 어려운 일이었지.

세상에서 벌어지는 일들에는 이처럼 긍정적인 면과 부정적인 면이 있게 마련인가 봐. '양날의 칼'인 셈이지.

> **키보드 워리어**
> 키보드와 워리어(전사)의 합성어로, 실생활에서는 하지 못할 거침없는 말들을 인터넷의 익명성을 이용하여 함부로 해대는 사람들.

양날의 칼

중국 경제의 급속한 발전은 한국 경제에 양날의 칼이 될 수 있다.
값이 싸다고 무턱대고 식량을 수입하는 것은 양날의 칼이다.

부엌에서 쓰는 식칼, 문구점에서 파는 커터, 사무라이들이 쓰던 일본도는 날이 한쪽밖에 없어. 하지만 중국 무협 영화나 중세 기사가 나오는 영화 같은 데서 흔히 볼 수 있는 칼은 칼날 양쪽이 다 날카로운 양날검이야.

양날검은 칼을 내리칠 때 반대편 날은 자기를 향하기 때문에 자칫하면 칼을 쥔 사람, 즉 자신이 다칠 수도 있어. 그래서 '양날의 칼'은 어떤 존재가 긍정적인 측면과 부정적인 측면을 동시에 가지고 있기 때문에, 자칫하면 뜻하지 않게 피해를 볼 수도 있는 경우를 비유할 때 사용해. '동전의 양면' 또는 '빛과 그림자'도 이와 비슷한 표현이야.

세상 모든 일에 플러스와 마이너스가 공존하고 있다는 점에서는 고대 동아시아 철학의 음양사상陰陽思想을 떠올릴 수 있어. 이 세상이 −인 음과 +인 양의 조화로 되어 있다는 생각이 음양사상인데 태극기의 가운데에 있는 태극 문양도 빨간색은 양, 파란색은 음을 가리킨다고 하지.

어떤 사물에 두 가지 다른 측면이 있음을 나타내는 표현은 서양에도 있어. 로마 신화에 나오는 '문door의 신' 야누스는 머리는 하나인데 얼굴이 두 개라 서로 다른 모습을 띠고 있다지. '야누스 같은 배우 이병헌의 연기 변신.' 이런 표현을 하는 것도 그런 이유에서야.

야누스 Janus
1월을 뜻하는 January도 Janus에서 파생됨. 한 해의 끝과 한 해의 시작이라는 두 가지 의미를 지님.

하지만 점차 뜻이 변해서 요즘은 주로 이중인격이나 위선적인 모습을 가리키는 말로 쓰이고 있어. 평소 얌전하게 보이던 사람이 어떤 계기로 음흉하거나 난폭한 모습을 보일 때 '야누스 같다'고 표현하지. 이런 경우엔 사람 자체가 변한 것이라기보다는, 점잖은 얼굴 뒤에 숨어 있던 그 사람의 정체성이 드러난 것일 경우가 많아.

정체성 正體性, identity

긍정적인 자아정체성을 확립한 사람들이 성과도 잘 낸다.
십대 청소년들은 정체성에 혼란을 겪는 경우가 많다.

영화 〈본 아이덴티티〉의 주인공 제이슨 본은 기억을 잃은 첩보원이야.

그는 기억의 조각들을 토대로 자신이 누구인지를 찾기 위해 험난한 싸움을 해. 자신의 몸은 그대로 있지만 자기가 누구며 어떻게 살아왔는지를 기억해 내야만 진정한 자기 자신이라고 할 수 있으니 말이지. 제목에 아이덴티티^{Identity : 동일성, 정체성}란 말이 붙은 것도 그 때문이야.

우리가 쓰는 인터넷 아이디^{ID}를 생각하면 정체성을 조금 더 쉽게 이해할 수 있어. ID는 identification number의 약자인데 각각의 사용자에게 부여된 고유한 명칭^{기호}을 의미하지. 우리는 ID를 통해 자기 자신의 존재를 증명할 수 있고(정체성), ID를 기준으로 내가 쓴 글이나 로그인한 기록 등을 일관성 있게 구분할 수 있게 되지(동일성).

정체성은 자아정체성, 성정체성과 같이 다른 단어와 결합해서 쓰이기도 해. 자아정체성이란 자기 자신에 관해서 제대로 알고 있느냐를 말한다고 보면 돼. 자신의 성향, 가치관, 능력, 관심, 세계관 등에 대해 충분히 이해하고 있는 사람을 가리켜 자아정체감이 형성되어 있다고 하지.

개인뿐 아니라 국가나 사회 집단에도 정체성이라는 게 있어.

신문기사에서 이따금 '대한민국의 정체성을 지켜야 한다', '기업의 정체성을 살리자'라는 글을 본 적이 있을 거야.

국가든 사회집단이든 그 구성원들 간에는 어느 정도 공통적인 것들이 있어. 같은 언어, 문화, 역사, 경험, 이해관계 등등. 그런 것들을 종합하면 집단적인 정체성이 되는 거야.

보통 이런 정체성은 집단 내에 있을 때는 깨닫기 어렵고 외부인을 만났을 때 좀 더 분명하게 느껴지지. 외국에 나가면 모두 애국자가 된다는 말도 있잖아.

친구하고는 자기네 학교나 고향에 대해 이러쿵저러쿵하면서도 외부인이 그러면 화가 나잖아? 그런 것 역시 자기도 모르게 집단적 정체성을 가지게 됐다는 걸 의미하지.

사회집단에도 정체성이 존재하기 때문에 한 사회의 구성원들과 어딘가 '약간 다른' 사람들은 정체성의 혼란을 겪을 수도 있어. 우리나라에 들어와 있는 조선족들처럼 말이지. 조선족은 분명 한민족이고 한국어로 말하지만 중국에서 태어나고 자라 중국 국적을 가지고 있다 보니 정체성 혼란을 겪는대. 유명한 음악감독 박칼린 씨도 서양 사람 같은 외모 때문에 어렸을 때 정체성의 혼란을 겪었다고 해.

노벨 경제학상을 받은 조지 애커로프는 저서 『아이덴티티 경제학』에서 개인이건 집단이건 간에 긍정적인 정체성을 확고히 해야 경제적 행복을 누릴 수 있다고 했어. 똑같은 환경에서도 사람들마다 성과가 다른 것은 정체성 차이 때문이라는 게 그의 견해야.

그 책에서는 군대에서 머리를 깎고 군복을 입히는 것이나 신병 훈련소에서 혹독한 '신고식'을 하는 것 등도 집단적 정체성을 불어넣기 위함이라고 해.

신고식 申告式

그 야구선수는 메이저리그 진출 첫 경기에서 호된 신고식을 치렀다.
가수 A는 가요 프로그램에서 신고식을 성공적으로 치렀다.

신고식이라고 하면 제일 먼저 뭐가 떠올라?

인터넷 검색을 하다 보면, 중학교나 고등학교에서 선배들이 신입생들 모아 놓고 겁주거나 때리는 것 또는 개인기 시키는 것에 대해 물어보는 학생들이 많아. 질문을 올린 친구들에게 신고식이라는 단어는 굉장히 부담되고 무섭게 느껴질 수 있을 것 같아.

신고식은 어떤 집단에 새로 들어온 사람이 자신을 알리고 보고하는 의식인데, 이걸 일제 식민지 시대의 잔재라고 하는 사람도 있지만 그보다는 더 오래됐어.

조선시대에는 면신례免新禮라는 신고식이 있었어. 위로는 새로 취임한 관리들부터 아래로는 새로 감옥에 들어온 죄수들까지 면신례를 치러야 했지. 다산 정약용의 책 『목민심서』에 보면 감옥에 죄수가 새로 들어오면 원래 있던 죄수들이 그를 고문하고 춤추게 하거나 때려서 돈을 빼앗았다고 해. 그리고 원래 있던 죄수들을 선배로 모시게 했다지. 과거시험에 합격한 이들이 새로 관리로 임명받았을 때도 선배 관리들 앞에서 면신례를 치렀대.

그렇다면 이런 신고식이 생겨난 이유와 유래가 뭘까? 『중종실록』의 기록에 의하면, 고려 말엽에 권력층 자제들이 관리로 임명되면서 교만하게 구는 것을 근심한 고참들이 만든 의식이라고 해. 계급사회에서 위계질서를 세우고 기존 조직에 복종하게 만들기 위한 의도라는 것을 짐작할 수 있지.

그래서 우리나라건 외국이건 위아래가 분명한 집단에서는 신고식이 행해지고 있는 거야. 물론 신고식이 질서를 세우고 소속감을 불러일으키는 효과는 있겠지만, 예나 지금이나 과격하고 폭력적인 신고식은 결국 부작용을 낳을 뿐 아니라 가해자들이 처벌을 받는 것을 알아야 돼.

요즘 들어 신고식은 어떤 일을 처음 공식적으로 치르는 걸 의미하기도 해. 데뷔라는 뜻 정도로 쓰인다고나 할까. '아이돌 그룹 샤이니, SBS 인기가요로 데뷔 신고식' 같은 신문 기사 제목처럼.

4

봉당정치

탕평책

관성의 법칙

엽치

스폰서

헝그리 긴

희생양

마녀사냥

미란다원칙

붕당정치 朋黨政治

여야 정치인들의 싸움은 붕당정치를 연상하게 한다.
학교 이사장 자리를 둘러싼 붕당정치에 대한 비판이 쏟아지고 있다.

붕당은 옛날 중국에서 정치인 집단을 가리키던 말이었어. 그리고 그렇게 뜻을 같이하는 정치 세력들끼리 권력을 얻기 위해 겨루는 것을 붕당정치라고 해.

물론 정치 세력들끼리 편을 갈라 싸우는 것은 세계 모든 나라 모든 민족에게서 늘 있던 일이지. 하지만 보통 붕당정치라고 하면, 조선 선조 때부터 시작해서 순조 때 세도정치의 등장과 함께 사라진 조선 중기의 정치적 흐름을 가리키는 거야.

당시 조선의 관리들은 '사림'이라고 해서 성리학을 공부한 유학자들이 대부분이었는데, 어떤 스승 밑에서 공부했느냐에 따라 자연스레 계파가 생겨나서 붕당이라는 정치 세력들로 발전했어.

성리학은 송나라 때 나타난 유교 학파인데 군자君子끼리 모인 '군자당'이 소인小人들을 배제하고 정치를 주도하여야 한다고 주장했지. 성리학은 무척 심오한 학문이지만 너무 이상주의적이고 다른 학문에 배타적이라는 단점이 있었어. 그래서 후세 사람들에게는 별것 아닌 것처럼 보이는 문제를 놓고도 학자들 간에 치열한 다툼이 벌어지곤 했지.

붕당정치보다는 '당쟁'이라는 표현이 더 익숙한 친구도 있을 텐데 당쟁은 우리 고유의 표현이 아니야. 1907년 시데하라라는 일본인 역사가가 『조선정쟁지』라는 책을 펴내 조선의 정치 역사는 당쟁의 역사라고 규정한 데서 유래한 거지.

조선 침략을 정당화하기 위해 붕당정치는 더러운 당파 싸움이고 우리 민족은 태생적으로 당쟁을 좋아하며 조선이 망한 것도 그 때문이라는 식으로 역사를 왜곡했지만, 그건 어디까지나 일본 제국주의자들의 시각에 불과해.

물론 우리 조상들도 붕당정치의 부작용을 걱정한 것은 사실이지만 그건 우리나라만의 문제는 아니었어. 인류 역사를 보면 어느 나라, 어느 민족에게서나 정치권력 확보를 위한 세력 다툼은 있어 왔거든.

붕당정치가 꼭 나쁜 것만도 아니야. 이 점은 붕당정치를 오늘날의 정당정치와 비교해서 보면 더 확연하게 알 수 있지.

민주주의는 기본적으로 정당들 간의 다툼을 포함하고 있어. 어떤 나라가 정말 민주국가라면, 2개 이상의 정당이 공정하게 경쟁하고 선거 결과에 따라 국가 권력을 차지하거나 빼앗기는 현상이 나타나야 돼. 그 싸움이 너무 쓸데없는 것에 치우쳐 나랏일을 팽개친다든지 서로 폭력을 행사한다든지 하면 곤란하겠지만 말이야.

오히려 정당들 간에 전혀 권력 다툼이 없거나, 특정한 한 정당이 수십 년 이상 권력을 유지하고 있는 데다 앞으로도 계속 그럴 분위기라면 진정한 민주주의라고 보기는 힘들 거야. 그래서 세계 대다수의 민주주의 국가에서는 국가 권력을 얻기 위한 정당들 간의 힘겨루기가 끊이지 않고 있지.

이처럼 뜻을 달리하는 정치 세력들 간의 상호 비판과 견제를 원리로 하는 붕당정치는 오늘날의 정당정치와 성격이 유사해. 다만 구성원들이 정치적인 이해관계뿐 아니라 학문적 유대 관계를 기반으로 했다는 점이 붕당정치의 특징이지.

이런 붕당정치를 논할 때 빠지지 않고 등장하는 것이 바로 '탕평책'이야.

탕평책 蕩平策

구성원 간에 갈등이 심할 때는 지도자의 탕평책이 시급하다.
총리·장관 후보자가 줄줄이 낙마한 것은 인사 문제에 있어 탕평책을 쓰지 않았기 때문이다.

조선 후기의 주요 정치 세력은 노론과 소론이었어. 그들의 다툼을 없애기 위해 영조는 즉위하던 해인 1724년에 새로운 정책을 폈어. 바로 탕평책이야.

'탕평'은 서경書經이라는 유교 경전 중 '無偏無黨王道蕩蕩 無黨無偏 王道平不'무편무당왕도탕탕 무당무편왕도평평이라는 글에서 유래한 말인데 '어느 한 편에 치우치지 않고 공평하게 한다'는 뜻이야. 탕평책을 처음 주장한 사람은 숙종 때의 영의정 박세채였지만 탕평책을 본격적으로 시행한 사람은 영조였어.

영조는 당파들 간에 화해를 유도하고, 당파에 관계없이 인재를 등용하겠다고 선언했지. 탕평책을 거부했던 강경파 몇 명을 본보기로 파면하자 신하들도 따를 수밖에 없었어. 영조는 또 노론과 소론 양쪽의 주요 인물들을 왕실의 외척으로 만들어 정치적 안정을 도모했어.

그러나 영조의 탕평책은 단순히 붕당정치의 폐해를 없애는 것보다는 왕권을 강화하는 데 목적이 있었기 때문에 오히려 탕평책을 지지하는 탕평당이라는 이름의 거대한 당파를 만드는 결과를 낳고 말았지.

영조의 뒤를 이어 즉위한 정조도 탕평책을 계승했어.

차이점은 영조가 표면적 안정에 중점을 두고 능력보다는 노론과 소론 양 파벌을 고르게 등용한 것과 달리, 정조는 계파보다는 능력 위주로 인재들을 중용했고 심지어 당시로선 차별받던 서얼들도 받아들였다는 거야. 그래서 정조의 탕평책은 준론탕평峻論蕩平:옳고 그름을 명백히 가리는 탕평책이라고 불려.

하지만 붕당 간의 싸움은 완전히 사라지지 않았고, 정조의 정책에 찬성하는 시파時派와 반대하는 벽파僻派로 새롭게 갈리게 되지.

한자리 차지하고 싶어 하는 인간 본성과 정치의 속성상 정치 세력들 간의 싸움이 사라지기는 어려운 것 같아. 정치 싸움에도 '관성의 법칙'이 작용한다고나 할까?

관성의 법칙

금융시장에도 관성의 법칙 적용되나? 증시 연일 상승세.
관성의 법칙을 거스르려면 그만한 힘이 있어야 한다.

움직이는 물체는 계속 움직이려고 하고, 정지해 있는 물체는 계속 멈춰 있는 상태로 있으려고 하는 것, 이것을 관성의 법칙이라고 해.

관성의 법칙을 제어하는 대표적인 힘이 바로 마찰력과 중력이야. 평지에서 공을 굴리면 얼마 가지 않고 멈추지? 뭔가 다른 힘, 즉 공이 땅에 닿으면서 생기는 마찰력이 작용했다는 뜻이야. 또, 공을 하늘로 던지면 잠시 올라가다가 다시 떨어지잖아? 그건 중력이 공을 잡아당기고 있기 때문이야. 하지만 일단 지구를 벗어나 진공상태의 우주로 가면 마찰력도 중력도 거의 없기 때문에 한번 물체를 던지면 계속 앞으로 나가지. 우주 탐사선의 원리도 바로 그거야.

그런데 관성의 법칙은 사회현상이나 인간의 심리를 나타낼 때도 쓰여. 보통은 습관적으로 어떤 일을 하거나 하지 않는 것을 가리키지.

재미있는 것은 드라마를 볼 때도 관성의 법칙이 작용한다는 거야. 사람들은 보던 드라마를 계속 보는 습성이 있다는 거지. 그래서 방송 제작자들은 드라마 초반에 총제작비의 상당 부분을 쏟아부어. 〈주몽〉, 〈불멸의 이순신〉, 〈아이리스〉 등등 대작이라고 부를 만한 드라마들을 보면 대부분 처음 3회 이내에 대규모 전투 장면을 넣거나 화려한 컴퓨터 그래픽을 배치해 초반에 시청자들의 이목을 집중시켰어.

이렇게 확보된 시청률이 약 20퍼센트를 넘으면 방송사는 으레 방송 연장을 준비한대. 몇 회 더 늘려도 시청자들은 그 드라마를 계속 보게 마련이라는 거지. 사람들이 자신의 습관이나 버릇을 쉽게 바꾸지 못하는 관성을 이용한 거야.

방송 이야기가 나온 김에 한 가지 더! 드라마에서 왜 불륜이나 소위 막장 스토리가 자꾸 등장하는 걸까? 이것도 과학 용어로 설명이 가능해. 바로 '역치'와 감각의 순응 때문이지.

역치 閾値, threshold value

경제 상황이 회복되려면 시간이 조금 더 필요하니 기대의 역치를 낮추고 기다려야 한다. 영화나 게임의 폭력 수위가 높아지는 것은 역치가 높아졌기 때문이다.

역치란 생물체가 외부 자극에 어떤 반응을 일으키는 데 필요한 최소한의 자극의 세기를 가리키는 말이야. 대개는 한 생물체 안에서도 세포의 종류에 따라 역치가 달라. 사람의 몸에서도 손톱이나 머리카락은 자극에 둔감한 반면, 눈이나 입술 같은 곳은 자극에 민감하잖아? 자극을 약하게 주어도 반응을 하면 역치가 낮다고 하고, 자극을 강하게 주어야만 반응이 나타나면 역치가 높다고 하지.

참고할 말로 감각의 순응이라는 현상이 있어. 같은 크기의 자극을 지속적으로 받으면 역치가 올라가면서 민감도는 낮아지므로 더 큰 자극을 주기 전에는 자극을 느끼지 못하는 경우를 말하는 거야.

드라마를 처음 보는 사람들은 일반적인 이야기에도 재미를 느낄 수 있지만, 비슷한 느낌의 드라마를 계속 보다 보면 점차 흥미를 못 느끼게 되지. 수영장에 처음 들어갈 때는 물이 차갑다고 느끼지만 조금 있으면 그런 느낌이 없어지는 것과 마찬가지야. 감각의 순응이 일어나는 거지.

그래서 사람들은 좀 더 충격적이고 특이한 이야기들을 찾게 돼. 방송 제작자들은 서로 경쟁을 해야 하는 상황이니 더 파격적이고 더 비윤리적인 장면들을 만들어 내는 거고.

문제는 그러다 보니 드라마가 패륜을 조장한다는 말이 나온다는 점이야. 방송 제작자들은 지금도 시청률을 올려야 하는 현실과 여론의 질타 사이에서 아슬아슬하게 줄타기를 하고 있어.

그럼 방송 제작자들은 왜 그렇게 시청률을 올리려 애쓰는 걸까? 시청률이 높아야 광고주, 즉 '스폰서'가 찾아오기 때문이야.

스폰서 sponsor

컴퓨터 회사는 컴퓨터를, 출판사는 책을 통해 돈을 벌지?

마찬가지로 방송사는 방송을 통해 돈을 벌어. 그래야 회사가 운영될 수 있지. 그런데 갈수록 드라마나 쇼 프로그램 제작비가 비싸지고 있어 시청료를 받는 것만으로는 돈을 벌기가 어렵게 됐어.

방송사들이 프로그램에 광고를 끼워 넣는 것도 이 때문이야. 광고료로 직원 월급도 주고 프로그램 제작도 하는 거지. 방송사 입장에서는 광고주가 회사의 후원자 또는 보증인이라 할 수 있어. 그래서 보증인·후원자를 뜻하는 스폰서라는 말이 요즘엔 주로 방송사의 광고주를 가리키는 말로 사용되고 있는 실정이야.

방송 외에도 스폰서가 활성화되어 있는 분야가 생각보다 많아. 영화나 게임 같은 엔터테인먼트 산업 외에도 스포츠, 음악, 미술 같은 예체능 분야 대부분이 스폰서를 통해 운영되고 있다고 해도 과언이 아니야.

예를 들어, 김연아 같은 피겨 선수들도 각종 장비 값이 많이 비싸서 대회 우승 상금만으로는 훈련을 지탱하기가 어렵지. 그럴 때 CF를 찍어 출연료를 받거나, 장비나 의상 협찬을 받는 대가로 광고주를 홍보해 주는 형태로 비용을 충당하게 돼.

문화, 체육, 예술 활동에서 스폰서는 굉장히 오래전부터 존재해 왔어. 왕조시대에는 왕실이 궁중 예술가들의 스폰서였고, 근대 유럽에서는 귀족들이 그 역할을 했지. 그런 후원자들을 패트런이라고도 불렀어. 현대 사회에도 기업들이 사회공헌 차원에서 메세나라는 스폰서 활동을 점차 늘려 가고 있지.

이렇게 보면 스폰서가 참 좋은 제도인 것 같지만 꼭 그렇지는 않아.

스폰서에 의존하다 보면 문화예술가들이 아무래도 스폰서 눈치를 보게 되니까 자유롭게 작품 활동을 하기 어려워. 그뿐이 아니야. 연예인 스폰서 관련 뉴스를 보면 스폰서 계약이 비윤리적인 일을 목적으로 이루어지는 경우가 간혹 나오지. 검사나 판사 같은 공직자 중 일부가 스폰서라는 이름 아래 뇌물과 접대를 받는 경우도 심심치 않게 보도되고 있고.

모두 스폰서란 말이 아주 나쁘게 쓰인 경우인데, 이런 행태는 우리 사회를 좀먹는 것이기 때문에 당연히 맞서 싸워야겠지. 문제는 나쁜 풍습이 만연한 분야에서 홀로 불의에 저항하는 사람은 '혼자 깨끗한 척하지 말라'는 식의 비난과 갖은 압력을 견뎌 내야 한다는 거야. 쉬운 일은 아니지.

형극의 길 a thorny path

왜 굳이 사서 형극의 길을 가려는 것인가?
일제 치하 독립 운동가들은 자신의 소신을 굽히지 않음으로써 형극의 길을 걸어야만 했다.

다들 한두 번씩은 나무 가시에 찔리거나, 작은 가시가 손이나 발에 박혀

쩔쩔맸던 기억이 있을 거야. 그런데 하나도 아니고 수없이 많은 가시에 찔렸다면 얼마나 아플까?

수많은 가시를 나타내는 한자어가 바로 '형극'이야. '가시나무 형荊'과 '가시 극棘'을 합친 말이니 금세 이해가 될 거야. 이 말은 성경에 나오는 예수 그리스도의 고난에서 유래했어.

예수는 4대 성인 중 하나로 일컬어지는데, 2천 년 전 이스라엘을 점령하고 있던 로마 군인에 의해 처형당했어. 처형 당일 로마 군인들은 가시나무로 만든 관을 그의 머리에 씌워 조롱하고 고통을 주었지. 그러고는 무거운 십자가를 짊어지게 한 채 처형장까지 끌고 갔어.

예수가 당한 고난처럼 누군가가 정말 어렵고 힘든 상황을 겪어야 할 경우에 우리는 보통 '형극의 길을 간다'거나 '그의 앞에는 고난의 길이 놓여 있다'고 말해.

원래 이 표현은 그 유래에서도 알 수 있듯이 단순히 어렵고 힘든 상황을 말하는 건 아니었어. 그 길을 걸어야 하는 숭고한 이상이 있다거나 힘들고 어렵지만 헤쳐 나가야만 하는 상황을 의미했지. 그래서 단순히 어려운 상황에 봉착했음을 의미하는 표현들, 즉 '난관에 봉착했다', '산 너머 산', '첩첩산중' 같은 말과는 차이가 있었어. 그런데 요즘은 그 경계가 허물어지고 있어.

형극의 길과 바꿔 쓸 수 있는 표현으로 가시밭길, 고난의 길, 수난의 길, 십자가의 길 등이 있어. 이와 연관된 말로 '희생양'이라는 표현도 아주 많이 쓰여.

희생양 scapegoat

애꿎은 사람을 희생양으로 만들지 마라.
고대 국가에서 왕들은 종종 신하들을 희생양으로 삼곤 했다.

구약성경에 따르면 옛날 유대인들은 선지자 모세의 율법을 따라 하나님께 제사 지낼 때마다 어린 양이나 염소나 소나 비둘기를 제물로 바쳤어. 그리고 1년에 한 번은 백성 전체의 죄를 한꺼번에 용서받기 위한 특별 제사를 드렸는데, 그때는 흠 없는 숫염소 두 마리를 제물로 드렸어.

한 마리는 죽여서 그 피를 제단 앞에 뿌리고, 한 마리는 백성 전체의 죄를 떠넘기는 의식을 행한 뒤에 먼 광야로 끌고 가서 쫓아 버렸어. 염소가 백성들의 모든 죄를 지고 광야로 쫓겨나 죽음으로써 백성들이 자유를 얻게 된다는 뜻이었기 때문에 이 염소는 예수 그리스도를 상징한다고 해. 희생양이란 말은 여기서 유래한 거야.

그런데 왜 염소를 양이라고 표현하는지 궁금하지?

양과 염소 모두 제사의 제물로 쓰였다는 점에서 양이든 염소든 의미에 큰 차이가 없는 데다가, 한자로 산양山羊이 염소과 동물을 두루 가리키는 만큼 희생 '양'이라고 하는 것은 양과 염소를 포괄할 수 있다는 점에서 적절한 번역이라고 할 수 있어. 말하자면 '산양=염소≒양'인 셈이지. 물론 현대 동물학에서는 산양과 염소도 다른 동물로 분류하지만 말이야. 영어로도 희생양을 scapegoat 또는 sacrificial lamb이라고 해서 양과 염소를 잘 구별하지 않고 있어.

이처럼 희생양은 원래 종교적인 의미가 강했는데 이제는 어떤 사람이나 조직에 문제가 생겼을 때 진짜 원인이 아닌 다른 대상에게 그 책임이나 형벌을 뒤집어씌우는 경우에 많이 쓰이고 있어.

문제는 인간 사회가 항상 '사회적 약자'를 희생양으로 삼아 부당한 처사를 해 왔다는 점이야. 마치 옛날에 희생 제물로 가축 중에서도 힘없고 순한 양을 선택했던 것처럼.

일제강점기에 관동 대지진이 발생했을 때 일본 정부가 조선인을 희생양으로 삼은 것은 대표적인 예라 할 수 있어. 지진 때문에 사회가 불안해지자 일본 정부는 조선인들이 지진으로 혼란한 틈을 타 우물에 독을 풀고 불을 지르고 다닌다는 소문을 퍼뜨렸어. 분노한 일본인들은 죽창과 칼로 여자와 어린이를 포함한 조선인들을 학살했고 당시 일본 경찰들은 이를 못 본 척했다지.

중세시대의 '마녀사냥' 역시 희생양의 대표적 사례라 할 수 있어.

마녀사냥

이른바 OO녀들을 '신상 털기' 하는 것에 대해 마녀사냥 아니냐는 비판이 일고 있다.
뚜렷한 근거 없이 한 사람을 마녀사냥식 여론몰이로 몰아세우는 것은 옳지 않다.

중세시대 말기에 유럽은 사회적으로 몹시 혼란스러웠어. 흑사병이 유행한 데다 교황 체제의 문제점을 개혁하기 위한 종교개혁 움직임도 조금씩 나타나기 시작했거든. 그러자 가톨릭교회는 대중의 관심을 다른 곳으로 돌릴 수 있는 대상을 찾았어. 희생양이 필요했던 거지.

교황 이노센트 8세는 공식적으로 교서를 내려 마녀의 존재를 인정하고 마녀를 추적하도록 했어. 이때부터 마녀사냥이 본격적으로 시작됐지.

마녀로 지목되는 이유는 여러 가지였어. 남성 중심 사회다 보니 남자들에게 거슬리는 말과 행동을 했다는 이유로 고발을 당하기도 했고, 돈 많은 과부들은 재산을 노린 남자 친척들의 고발에 의해 마녀로 몰리기도 했지. 종교나 정치 이념 때문에 마녀로 몰리는 경우도 있었어. 종교 개혁에 동조했던 개신교 신도들은 가톨릭교회를 배반했다는 이유로 고발을 당했고, 하나님의 사자로 추앙받던 잔 다르크 역시 정치적인 이유로 억울하게 죽임을 당했어.

심지어 눈에 띄게 예쁘고 매력적이라는 이유로 마을 여자들의 질시를 받아 마녀로 몰리는 경우도 있었다고 하니, 참 기가 막힌 일이지.

마녀사냥은 보통 소문에 의해 시작되는데, 일단 소문이 돌면 무턱대고 체포해서 마녀라고 자백할 때까지 온갖 방법으로 고문을 했다지. 한 번 의심을 받게 되면 그걸로 끝이었다는 거야.

이런 특징에 착안해서 요즘은 '인터넷 마녀사냥'이란 말을 많이 쓰고 있지.

얼마 전에 있었던 일도 한 예가 될 거야. 타블로가 스탠퍼드대학교를 졸업했는지 검증한다며 '타블로에게 진실을 요구합니다'란 카페를 만들어 인신공격을 일삼았던 사람들이 있었어. 결국 진실로 판명 났지만 당시에는 타블로가 무슨 말을 해도 들으려 하지 않고 도리어 흠집 내기에만 열을 올렸지. 이런 인터넷 마녀사냥은 근절되어야 해.

그런데 충격적인 것은, 오늘날에도 인터넷 마녀사냥이 아니라 진짜 마녀사냥이 행해지고 있다는 거야.

인도의 한 인권단체가 발표한 내용에 따르면, 힌두교를 믿는 인도에서는 지금도 일부 지역에서 연간 200여 명의 여성들이 마녀로 몰려 살해되거나 집단 괴롭힘을 당하고 있어. 특히 가족이 없는 과부나 처녀의 재산을 노리는 이들이 마녀사냥을 주도하고 있다는 거야.

인도뿐이 아니라 토속 신앙을 믿는 아프리카 일부 지역에서도 마녀사냥이 이뤄지고 있대.

이들 지역에서는 중세시대의 마녀사냥과 마찬가지로, 마녀로 몰린 사람의 인권이나 법적 권리 따위는 무시된다고 해. 멀쩡한 사람을 범죄자로 몰아간 뒤 그 사람이 자신을 변호할 기회조차 주지 않는다면 그건 너무도 부당한 일이야. 그래서 오늘날 민주국가들은 대부분 범죄 피의자에게도 '미란다원칙'을 보장하고 있어.

미란다원칙 Miranda rights

대법원은 미란다원칙 어긴 음주 측정 거부 사건에 대해 무죄 판결했다.
불법 체류자 상당수가 미란다원칙을 듣지 못한 채 체포되고 있어 인권 침해가 심각하다.

형사 드라마를 보면 늘 나오는 장면이 하나 있지.

"당신은 변호사를 선임할 수 있고 묵비권을 행사할 수 있으며…"

형사들이 수갑을 채우면서 이런 말을 읊조리는 장면 말이야.

미란다원칙은 이처럼 검찰과 경찰이 피의자를 체포, 구속하기 전에 반드시 변호인 선임권 등 피의자의 권리를 알려야 하는 제도를 말해.

비록 강력 범죄 피의자라 하더라도 재판 과정에서 미란다원칙에 명시된 피의자 권리를 듣지 못한 채 체포된 사실이 밝혀지면 모든 혐의가 무효가 되는 강력한 인권 보호 제도야.

이 말의 유래는 미국 애리조나 주에서 성폭행 혐의로 체포된 에르네스토 미란다의 재판 판례에서 비롯되었어. 미란다는 18세 소녀를 납치해 강간했다는 혐의로 경찰에 연행되었어. 피해자인 소녀가 그를 범인으로 지목했거든. 그는 1심에서 납치와 강간죄에 대해 유죄가 인정되어 각각 징역 20년과 30년을 선고받았고, 2심에서도 역시 같은 판결을 받았어. 그러나 이 판결은 연방대법원에서 파기되었어. 그가 변호인의 도움을 받을 권리나 자기에게 불리한 진술을 거부할 권리 등을 충분히 보장받지 못했다는 이유 때문이었지.

미국 연방대법원에서는 이 사건을 계기로 미란다원칙을 공표했어. 경찰 심문을 받는 피의자는 진술을 거부할 수 있는 권리가 있다는 것, 경찰 심문에 대한 자백이 법정에서 불리한 증거로 사용될 수 있다는 사실, 변호인과 상담할 권리가 있다는 것을 충분히 고지받아야 한다는 점을 명시하고, 이를 고지하지 않은 상태에서 이루어진 자백은 인정하지 않는다는 것이 그 골자야.

미란다원칙이 중요한 이유는 억울하게 누명을 쓰는 일이 없도록 피의자가 자신의 결백을 주장할 수 있게 해 주는 제도이기 때문이지.

5

보이지 않는 손

최수의 딜레마

붉은 여왕 효과

과당경쟁

제로섬 게임

산업재해

보안

엘리트 체육과 생활 체육

보이지 않는 손 _{invisible hand}

시장경제가 원활하게 돌아가는 것은 보이지 않는 손이 작용하기 때문이다.
월드컵 유치 선정에서 한국이 탈락한 것은 보이지 않는 손이 작용했기 때문이라고 한다.

애덤 스미스가 처음 사용한 이 말은, 경제나 시장에는 보이지 않는 손이 있어서 그냥 내버려 둬도 잘 돌아가니 굳이 정부가 나서서 건드리지 말라는 걸 의미해.

요즘은 원래 뜻과 달리 뭔가 드러나지 않은 내막이나 음모가 있다든지, 은밀한 뒷거래 등으로 인해 부당한 일들이 벌어지는 상황에서 더 많이 쓰이지만 이 말은 원래 시장경제 원리의 핵심을 담고 있는 경제용어야.

애덤 스미스는 영국의 학자이자 『국부론』의 저자인데, 고전파 경제학의 시조로 불려. 당시의 경제관은 국가가 적극적으로 경제에 개입하여 통제해야 한다는 것이었는데, 그는 그런 주장에 반대하면서 시장 자율에 맡기자고 했어.

'보이지 않는 손'은 그가 평생토록 쓴 글에서 딱 세 번 나오고 대표 저서인 『국부론』에는 지나가듯이 한 번만 언급했는데, 이 말이 이렇게 유명해질 줄은 아마 본인도 몰랐을 거야.

이 용어가 무슨 뜻인지 커피를 예로 들어 설명해 볼게.

커피가 유행해서 사려는 사람들이 많아지면 커피 무역 상인은 커피값을 올려 돈을 더 많이 벌려고 할 거야. 그러면 소문을 듣고 커피 장사

에 뛰어드는 사람도 많아지겠지. 그러다 보면 경쟁이 벌어져 상인들은 서로 더 싼 가격에 더 좋은 커피를 판매하려 할 거고, 결국 나라 전체적으로는 더 많은 사람들이 더 싼 가격에 좋은 커피를 마실 수 있게 되겠지. 국가가 개입하지 않았는데도 자동적으로 균형이 잡히는 거야. 이런 상황을 '보이지 않는 손'으로 표현한 거지.

애덤 스미스의 이론은 시장경제 원리를 명확하게 설명했다는 점에서는 획기적이고 훌륭했어. 하지만 너무 이상적이라는 생각이 들지 않아? 보이지 않는 손이 정상 가동되려면 다음의 세 가지 조건이 모두 충족되어야 해.

- 완전경쟁이 보장되어야 하고, 즉 누구나 자유롭게 상품을 생산할 수 있고 소비할 수 있어서 상인들이 치열한 경쟁을 하고,
- 외부적인 변수가 없어야 하며, 즉 시장 참가자들이 자유롭게 활동하지 못하도록 하는 제도적·사회적 제약이 없고,
- 가격 변동에 따라 시장이 즉각 반응해야 한다. 즉 상품 가격이 오르고 내리는 데 따라 즉각적으로 소비자들이 반응을 보인다.

이 중 하나라도 문제가 있으면 시장의 균형이 깨지고 보이지 않는 손은 그야말로 어디 갔는지 안 보이게 된다니까!

애덤 스미스의 이론은 1930년대 대공황을 겪으면서 쇠퇴하기 시작했어. 이론 자체로도 비판을 받는데, 그 선봉장은 '균형이론'을 들고 나온 존 내시였어.

존 내시는 '사람들이 각자 자기 이익만 챙기다 보면 자동적으로 사회

전체의 이익도 증가한다'는 애덤 스미스의 이론을 반박했어. '사람들이 자신과 경쟁자 모두의 이익을 고려한 전략을 추구할 때만 사회 전체의 이익이 증가한다'는 것을 논리적으로 입증했지.

존 내시는 20대 초반의 젊은 나이에 이런 내용을 수학적으로 입증하는 논문을 써서 천재라는 평가를 받았어. 내시의 균형이론을 말할 때 대표적으로 드는 사례가 바로 '죄수의 딜레마'야.

죄수의 딜레마 prisoner's dilemma

자기 이익만 추구하다간 최악의 결과를 초래하는 죄수의 딜레마 상황에 빠질 수 있다. 공정거래위원회가 실시하는 자진신고자 감면 제도는 죄수의 딜레마 원리를 응용한 것이다.

죄수의 딜레마란 경제학에서 무척 중요하게 다루는 내용인데, 말 그대로 죄수 두 사람이 처한 이러지도 저러지도 못하는 상황을 말해.

존 내시는 이를 바탕으로 '균형이론'을 정립해 노벨 경제학상을 받았어.

내용은 간단해. 두 명의 죄수가 서로 다른 취조실에 격리되어 심문을 받고 있어. 서로 의사소통은 불가능하고. 어떻게 자백하느냐에 따라 그들은 각각 다른 처벌을 받게 돼.

① 둘 중 하나가 배신하여 죄를 자백하면 자백한 사람은 즉시 풀어 주고, 나머지 한 명은 10년을 감옥살이해야 한다.

② 두 사람 모두 서로를 배신하면, 즉 죄를 자백하면 둘 다 5년을 복역한다.

③ 두 사람 모두 죄를 자백하지 않으면 둘 다 6개월을 복역한다.

누가 봐도 3번을 택하는 게 서로에게 가장 유리하잖아? 그런데 실제로는 둘 다 2번을 택하게 된다는 거야. 서로를 믿지 못하기 때문이지.

죄수 A의 입장에서 보면, 죄수 B가 침묵할 것으로 생각되는 경우 자백하는 것이 유리하지. 만약 B가 자백할 거라고 생각한다면 무조건 자백해야 유리하고. 따라서 A는 B가 어떤 선택을 하든지 자백을 선택하게 돼. 죄수 B 역시 마찬가지야. 결국 두 사람은 나름대로 자기에게 가장 유리한 방법, 즉 자백을 선택함으로써 각각 5년씩 복역하게 돼.

어때, 서로를 믿고 침묵함으로써 6개월만 복역하는 것보다 나쁜 결과가 나왔지? 내시는 이런 예를 통해 '각자 자기 이익만 추구하는 것이 사회 전체적으로 최선'이라는 애덤 스미스의 이론이 틀렸다는 것을 증명했어.

내시의 균형이론에서는 경쟁자들이 무한 경쟁을 하기보다 적절한 선에서 서로의 이익을 지켜 주는 균형 관계를 유지하는 것이 훨씬 이롭다고 하지. 죄수의 딜레마에서 3번을 선택할 때 서로에게 이익이 되는 것처럼 말이야.

그렇다면 시장에서 경쟁하는 기업들도 합의 아래 서로 적당히 이득 보는 길을 택하는 게 좋을까? 말은 그럴듯해 보이지만 답은 '아니오'야.

우리나라뿐 아니라 세계 각국은 그런 일을 '불공정경쟁행위'로 간주하고 강력히 규제하고 있어.

불공정경쟁행위

세계 대부분의 국가들은 기업의 불공정경쟁행위를 금지하고 있다.
불공정경쟁을 금지해야 소비자들에게 유리하다.

경쟁자들이 적절한 선에서 서로의 이익을 지켜 주는 것도 좋지만, 문제는 그럴 경우 그들과 거래하는 제3자가 손해를 볼 수도 있다는 점이야.

예를 들어 백화점 두 곳이 합의를 해서 충분한 이득을 볼 수 있는 가격으로 물건을 판다고 쳐 봐. 백화점이 서로 경쟁하면서 세일하던 때보다 소비자들은 더 비싼 값을 주고 물품을 사야 하겠지. 그렇게 되면 백화점만 신나고 소비자들은 피해를 보는 거잖아.

이런 것을 경제 용어로 카르텔 또는 담합이라고 하는데, 소수의 기업이 전체 시장을 장악하고 있을 때 자주 나타나는 현상이야.

독과점도 불공정경쟁행위의 대표적인 사례지. 조선 후기 연암 박지원이 지은 『허생전』은 독과점 현상을 아주 잘 묘사하고 있어. 무일푼이던 허생은 부자 변씨한테 1만 냥을 빌려서는 제사상에 쓸 과일을 매점매석하여 폭리를 거둬. 또 제주도로 건너가서 망건 제작에 필요한 말총을 매점매석, 거기서도 폭리를 취해.

당시 조선은 경제 규모가 작고 폐쇄적이어서 경쟁이 제대로 이루어지지 않는 시장이었기 때문에 그런 일이 가능했지. 그런 시장을 불완전경쟁시장이라고 해.

그렇다면 담합이나 독과점은 어떻게 해결해야 할까?

『상도』라는 소설을 보면 조선시대의 상인 임상옥은 홍삼

> **시장의 종류**
> 시장을 1개 업체가 장악했으면 독점시장, 소수의 업체가 장악했으면 과점시장, 경쟁업체는 많지만 특정 상품이나 브랜드에서 독점이 나타나면 독점적 경쟁시장이라고 함. 초기 스마트폰 시장에서 애플의 아이폰이 독점적 지위를 누리는 것이 독점적 경쟁시장의 예라 할 수 있음.

가격을 내리려고 담합한 중국 상인들 앞에서 홍삼에 불을 질러 버려. 그러자 중국 상인들이 황급히 달려들어 남은 홍삼을 비싸게 살 테니 제발 불을 끄라고 통사정을 하지.

담합해서 부당한 거래 조건을 요구하는 자들에게는 단호한 저항이 최고라는 걸 보여 준 셈이야. 하지만 힘없는 서민들이 힘겨루기를 하기가 어디 그리 쉽겠어?

그래서 현대 국가들은 대부분 이런 폐해를 막기 위해 각종 불공정거래행위를 규제하고 있어. 우리나라에도 이를 전담으로 하는 '공정거래위원회'와 소비자를 보호하는 '한국소비자원'을 두고 있지.

최근 공정거래위원회는 국내 우유 업체들에게 188억 원의 과징금을 물렸어. 우유 업체들이 지난 2년간 담합해서 우유 값과 요구르트 값을 올린 데다가 덤으로 주던 유제품도 주지 않기로 했다는 사실이 드러났기 때문이야. 그 외 부동산 중개업소들이 손님 많은 일요일에 다같이 문 닫고 쉬기로 했던 것이나, 중개 수수료를 할인해 주지 않기로 담합했던 사실을 밝혀내기도 했지.

담합이 나쁘다는 건 이제 알았을 테고, 그럼 무조건 치열하게 경쟁하면 된다는 뜻일까? 그렇지 않아. 무리하게 경쟁하는 것 역시 '과당경쟁'이라고 해서 문제가 된다고.

과당경쟁

업체들의 과당경쟁은 여러 가지 부작용을 가져왔다.
과당경쟁도 불공정경쟁만큼이나 경제에 악영향을 미친다.

과당경쟁이란 담합과는 반대로 기업들 간에 경쟁이 너무 치열해져서 부작용이 발생하는 것을 말해.

시장경제 체제에서 경쟁이 가열되면 소비자들이 좋은 상품을 값싸게 살 수 있으니 좋은 것 아니냐고? 그건 페어 플레이를 할 때 얘기지. 경쟁이 지나치면 국가 전체에 손해를 줄 수도 있어. 과당경쟁이 주는 피해는 크게 세 가지야.

먼저 조삼모사식으로 소비자에게 부담을 전가하는 것. 대표적인 것이 바로 초고속 인터넷 통신 업체들 간의 경쟁이야. '인터넷 바꾸면 현금 30만원, 상품권, 자전거 지급' 같은 광고 봤지? 들어 보면 솔깃하잖아? 하지만 '세상에 공짜는 없다'는 말이 그냥 있는 게 아니야.

업체들은 10~20만 원 정도의 현금이나 상품으로 고객들을 꼬드기는 대신, 요금을 3년 약정에 매달 3만 원 이상으로 매겨 놨어. 차라리 그런 식으로 고객 모집을 하는 데 드는 비용을 줄이고 이용 요금을 인하한다면 이용자 입장에서는 훨씬 더 값싸게 초고속 인터넷을 쓸 수 있을 텐데 말이지. 그리고 당장 받는 경품 역시 3년에 걸쳐 나눠 내는 요금에서 나온 것에 불과해.

둘째, 과당경쟁을 하게 되면 해당 기업들이 공멸할 수도 있어. 2003년에 일어난 카드 대란이 대표적인 예야.

외환위기 이후 정부는 경제를 활성화하려고 카드 사용을 장려했어. 카드 회사들은 과당경쟁에 나섰지. 당시 "내게 힘을 주는 나의 LG카드야~"라는 CM송을 배경으로 이영애와 배용준이 나오는 CF가 꽤 유명했었지.

당시에는 학생은 물론 백수에게도 카드를 발급해 주고, 신규 가입자에게는 현금을 주기까지 했어. 결국 2003년 11월, LG카드는 부도 위기에 몰렸는데 자그마치 2조 원의 공적 자금이 투입되고 나서야 겨우 진정이 되었어. 이처럼 회사가 손실을 감수하면서까지 경쟁에 나서는 것을 출혈경쟁이라고 해. 피 흘려 가며 경쟁한다는 뜻이지.

마지막으로 과당경쟁은 또 다른 사회문제를 일으킬 수 있어. 경제는 사회 모든 영역과 밀접하게 연관되어 있기 때문에 어느 한 군데서 문제가 생기면 다른 곳에서도 연쇄석으로 문제가 생기게 마련이야.

카드 대란을 다시 예로 들어 볼게. 카드를 마구 발급해 주자, 무분별하게 카드를 긁어 대다가 카드빚을 갚지 못해 신용 불량자로 전락한 사람이 자그마치 400만 명이나 생겨났어. 이 때문에 직장을 잃거나 이혼당한 사람도 부지기수였으니 과당경쟁이 낳은 대표적인 사회문제였던 셈이지.

그러면 기업들이 바보도 아닌데 왜 과당경쟁을 하는 걸까?

과당경쟁은 주로 한정된 시장, 즉 시장의 크기가 더 커질 수 없을 만큼 포화 상태일 때 나타나. 기업들이 살아남기 위해서는 상대편의 몫을 빼앗아 와야만 하기 때문에 어쩔 수 없는 것이지. 이런 상황은 흔히 '제로섬 게임'에 비유되곤 해.

제로섬 게임 zero sum game

제로섬 전략 버리고 윈윈 전략으로 돌아서야 한다.
일자리가 늘어나지 않는 이상 취직난은 제로섬 게임이다.

명절에 친척들이랑 윷놀이 많이 하지? 만약 천 원씩 내기를 했다고 하자.

삼촌이 이기든 조카가 이기든 간에 돈을 딴 사람이 있으면 잃은 사람도 있게 마련이니, 집안 전체의 손실과 이득의 합은 결국 0이지. 이런 걸 제로섬 게임이라고 하는 거야. 제로섬이란 '합이 0'이라는 영어 표현이야.

제로섬 원리에 따르면 어떤 시스템이나 사회 전체의 이익이 일정하므로 한쪽이 득을 보면 반드시 다른 한쪽이 손해를 보게 되어 있어. 그런데 만약 인간 사회가 정말 제로섬 상황이었다면 인류는 벌써 멸망했을지도 몰라. 한정된 자원을 독차지하려고 서로 죽고 죽이기를 반복했을 테니까.

그래서 도덕 교과서에서 소개하고 있는 종교나 윤리사상 대부분은 오히려 '넌제로섬'을 배경으로 하고 있지.

'넌제로섬non zero-sum'이란 어떤 시스템이나 사회 전체의 이익 크기가 변할 수 있기 때문에, 참가자들이 하기에 따라 모두가 이득을 보거나 모두가 손해를 볼 수도 있다는 뜻이야.

밀을 수입해서 밀가루를 만들어 파는 회사와 그 밀가루로 빵을 만들어 파는 회사가 있어. 밀가루 회사는 밀가루 값을 비싸게 받아야 이득이고, 제빵 회사는 밀가루 값이 싸야 이득이란 말이야. 이렇게 두 회사

모두 밀가루 값을 놓고 씨름할 때, 제로섬 게임으로 접근하면 의견 일치를 보기가 어려워.

하지만 넌제로섬으로 접근하면 얘기가 달라지지. 예를 들어 밀가루 값이 비싸게 정해지면 빵값이 오르거나 제빵 회사 경영이 어려워져 결국 밀가루 구매가 줄어들고, 그럼 두 회사 모두 손해를 보게 되지. 반대로 밀가루 값을 너무 싸게 정해서 밀가루 회사가 질 낮은 밀가루를 팔게 되면 제빵 회사도 손해를 보게 될 수 있지. 네거티브섬 또는 마이너스섬이야.

그런데 제빵 회사가 밀가루 회사한테 이런 제안을 하면 어떨까? 밀가루를 지금보다 더 많이 살 테니 값을 조금 내려 달라고 하는 거야. 그러면 밀가루 회사는 조금 양보하는 대신 밀가루 판매량이 더 늘어나서 좋

고, 제빵 회사도 원료 가격이 낮아지니 빵 판매
수익이 늘어나서 좋지. 이럴 때 포지티브섬 또
는 윈윈 게임이라고 하는 거야.

　기업 경영도 마찬가지야. 상품
을 생산할 때 비용을 아끼겠
다고 과도하게 노동자들을
혹사시키고 안전 시설을 제대
로 갖추지 않으면 당장이야 상
품 원가를 줄일 수 있어 좋겠지. 그러나 근로자들이 과로
로 인한 실수로 불량품을 많이 낸다든지 각종 안전사고가 발생한다면 기
업 경영자와 근로자 모두가 피해를 입게 되어 있어.

　근로자들이 죽거나 다쳐서 경제활동을 못 하게 되면 국가적으로도 손
해이기 때문에 우리나라는 산업재해를 막기 위해 노력하고 있고 '산업
재해' 보상 제도를 두어 만약의 사태에 대비하고 있어.

산업재해

경제가 지속적으로 발전하려면 산업재해를 줄여 나가야 한다.
김씨는 근무 중 부상을 당했지만 산업재해보상보험에 가입되어 있어 병원비 부담을 덜었다.

산업재해란 업무상 일어난 사고나 직업병 때문에 근로자가 겪는 신체
적·정신적 장애를 말해. 주로 회사 측이 안전대책이나 예방책을 부실하

게 세워서 생기기도 하고, 근로자의 피로나 부주의, 실수, 미숙련 때문에 발생하기도 하지.

일단 이런 산업재해가 발생하면 크게 두 가지 문제가 생겨.

산업재해를 당한 근로자들은 대부분 집안의 가장인 경우가 많은데, 그들이 죽거나 큰 부상을 입게 되면 당장 가족들이 먹고살기가 어려워져. 회사 입장에서도 안전시설을 제대로 갖추지 못한 책임 등을 져야 하기 때문에 부담이 적지 않지.

그래서 산업재해가 자주 일어나면 근로자나 회사 모두 어려움을 겪게 되니 국가적으로도 손해야. 이런 문제들을 개별 기업이나 근로자들끼리 알아서 하라고 맡겨 두기보다는 국가적으로 산업재해 방지를 위해 노력할 뿐 아니라 일단 사고가 터졌을 때 수습하기 위한 제도를 만들어 둘 필요가 있지.

사회보장제도
개인이 사망, 장애 등 불행한 일을 당했을 때 최소한의 인간다운 생활을 유지할 수 있도록 국가가 정책적으로 보장하는 것. 생활보호, 건강보험, 고용보험, 국민연금, 산재보험 등이 대표적.

이처럼 산업재해가 났을 때를 대비한 사회보장제도로 산업재해보상보험 제도가 있어. 줄여서 산재보험이라고 하는데, 산업재해를 대비해서 회사가 평소에 보험을 들어두었다가 사고가 나면 그 비용을 보험 처리하는 것을 말해.

다만 그 사고나 질병이 업무와 관계되어 일어났다는 것을 인정받을 수 있어야 돼. 법에 따르면 근로자가 업무로 인해서 죽거나 다치거나 병에 걸려야만 산업재해로 인정해 주고 있거든. 문제는 암이라든지 성인병처럼 장기간에 걸쳐 잠복해 있다가 발견되는 경우는 그것이 업무로 인한 것인지 아닌지를 판단하기가 쉽지 않다는 거지. 그래서 근로자가 암이나 성인병 등으로 죽거나 다친 경우 수많은 법정 분쟁이 일어나고 있어.

그래도 산재보험 제도가 있어 기업인들과 근로자들이 예기치 못한 사태를 겪었을 때 그나마 도움을 받을 수 있다는 건 다행이야. 산재보상보험뿐 아니라 모든 '보험' 제도는 예기치 못한 사태를 당한 이들이 겪는 어려움을 해결하는 데 도움이 되지.

보험 保險

불확실한 미래를 대비하려면 보험 상품 한두 개쯤은 가입하게 마련이다.
철수가 마음에도 없는 비인기 학과에 지망한 것은 재수를 피하기 위한 보험용이다.

보험이란 예상치 못한 사고로 인해 생기는 피해를 대비해 많은 사람들이 조금씩 돈을 내어 모아 두었다가 사고 입은 사람을 돕는 경제 제도를 말하는 거야. 그렇게 하면 피해를 당한 당사자나 가족들이 도움을 받을 수 있어 유익하지.

보험의 역사는 굉장히 오래되었지만 지금의 보험과 유사한, 조금 발전된 형태의 보험은 해상海上 선박 운송과 관련해서 생겨났어.

항해 기술이 발전하고 해상무역이 늘어나자 무역상들은 항해를 할 때마다 배에 잔뜩 짐을 실었어. 그런데 안타깝게 폭풍이라도 만나게 되면 화물을 바다에 던져야 했지. 이 때문에 생기는 손해는 선박 주인과 화물 주인들이 공동으로 부담했어. 지금의 보험료와 비슷하다고 할 수 있지.

이후 영국 런던의 항구 근처에 있던 '로이드'라는 커피 가게에서 무역업자들과 선박 운송업자들이 자주 모이다 보니 자연스레 해상 운송에 관한 보험이 발전하게 되었어. 거기다 1666년에 일어난 런던 대화재 사건으로 화재 대비 보험이 탄생하면서 런던은 전 세계 보험업의 중심이 되었지.

오늘날 보험은 더 발전해서 형태도 여러 가지인데 우선 국가가 주도하는 공보험과 민간이 자율적으로 하는 사보험이 있어. 공보험은 건강보험, 산재보험, 고용보험 등의 사회제도를 말하는 것이고, 사보험이란 자동차보험, 화재보험 등 흔히 TV광고에 나오는 보험 상품을 말해.

사보험에는 특이한 상품들도 많아. 축구선수 데이비드 베컴은 무려 1,800억 원짜리 다리·얼굴 보험을 들었다고 하고, 가수 보아도 최대 50억 원짜리 목소리 보험에 가입되어 있다고 하지.

그 외에 세계적인 포도주나 커피 감정사들은 각각 자기 코와 혀에 값비싼 보험을 들기도 해. 혹시라도 닥칠지 모르는 사고로 인해 경제활동에 지장이 생길 것을 우려하기 때문일 거야.

이처럼 보험은 보험 상품이나 제도를 가리키지만 비유적으로 쓰일 때는 조금 다른 의미를 지녀. '안전판'이나 '안전장치' 또는 '차선책'을 의미하는 말로 쓰이는데, '보험용으로 점수가 낮은 대학에 지망했다'거나 '김연아 선수는 대회를 앞두고 보험용으로 새로운 기술을 준비했다'라고 할 때가 바로 그런 뜻으로 쓰인 거야.

'PLAN B'라는 말도 종종 쓰이는데, 이건 원래 의도하던 A라는 계획이 실패할 경우를 대비한 계획을 말해.

스포츠계에서는 '백업 요원'이라는 말을 많이 쓰지. 주전 선수가 갑자기 부상을 당했을 때 즉각 대체할 수 있는 선수를 가리키는 말이야. 올림픽이나 아시안게임 국가대표 선수들도 '상비군' 제도라는 것을 두어 만약의 사태에 대비하고 있는데, 쉽게 말하면 국가대표 후보 선수단이라고 할 수 있지.

기왕 이야기가 나왔으니 국가대표로 상징되는 '엘리트 체육'에 대해 알아보기로 할까?

엘리트 체육과 생활 체육

김연아, 박태환 같은 선수들은 대한민국 엘리트 체육의 성과라고 할 수 있다.
국민 대다수의 건강한 삶을 위해서는 생활 체육을 진흥해야 한다.

엘리트 체육이란 말 그대로 뛰어난 실력을 보이는 선수들만 따로 모아 집중 육성하는 것을 말해. 일반 대다수의 체육 활동보다는 몇몇 운동선수들을 키워 내는 데 힘쓰는 제도를 말하는 거지. 반면 전 국민이 체육을 통해 건강한 생활을 누리도록 하는 것에 무게를 두는 것이 생활 체육이야.

쉽게 말해 길거리 농구장, 동네 수영장, 테니스장 등을 많이 만드는 것은 생활 체육을 장려하기 위한 것이고, 태릉선수촌에 국가대표팀을 불러 모아 집중적으로 훈련시키는 것은 엘리트 체육을 장려하기 위한 것이지.

1976년 양정모 선수가 몬트리올 올림픽에서 처음으로 금메달을 목에 건 이후, 우리나라의 엘리트 체육은 초고속으로 발전해서 지난 2008년 베이징 올림픽에서는 13개의 금메달로 종합 7위에 오르는 등 세계적인 수준으로 올라섰어.

그러나 우리나라의 생활 체육은 아직 선진국에 비해 한참 뒤쳐져 있는데 정부가 지금껏 엘리트 체육 중심의 정책을 펴 왔기 때문이야. 엘리트 체육의 단점은 전 국민의 건강보다 국제경기에서의 성과만을 중시하고 체육 인구를 늘리지 못한다는 거야. 특히 엘리트 체육 선수들은 공부와 운동을 병행하기 어려운 구조여서 도중에 진로를 바꾸는 경우에는 심각한 부작용이 나타날 수 있지.

가까운 일본은 어떨까? 일본은 학교 내에 운동부가 있고 선수들은 학업과 함께 운동을 겸하게 되어 있어. 운동부원들이 일정 수준의 성적을 거두지 못하면 시합에 참가할 수 없다거나 유급을 당하는 등 불이익을 당하기도 해.

일본은 또 생활 체육이 활성화되어 아무리 비인기 종목이라 해도 그 운동을 즐기는 사람들이 우리나라보다는 훨씬 많다고 하지. 그래서 한때는 우리나라도 일본을 본받아 생활 체육을 장려하자는 말이 많았어. 이번에 광저우 아시안게임에서 우리나라가 일본을 압도적으로 제치고 2위를 차지하자 그런 이야기가 좀 잠잠해졌지만 말이야.

6

인플레이션

식량 안보

자유무역협정 FTA

국부론과 자유무역

디플레이션 vs. 하이퍼인플레이션

3부 정책과 고교평준화 정책

시민단체와 NGO

학생인권조례

피구 메이저

인플레이션 inflation

요즘 식료품 인플레이션이 심해져서 장보기가 겁난다.

수능 시험을 너무 쉽게 출제하면 점수 인플레가 심해져 변별력이 떨어진다.

인플레이션은 쉽게 말해 돈의 값이 떨어져서 온갖 물품 가격이 무섭게 오르는 현상을 말해.

돈에 값이 있다는 게 무슨 뜻이냐고? 우리가 쓰는 돈 자체는 가격이 정해져 있어. 천 원권, 만 원권, 오만 원권 등으로. 그런데 실제 그 돈으로 물품을 살 수 있는 능력, 즉 구매력은 세월이 갈수록 점점 줄어들지. 자장면 한 그릇에 500원이던 시절에는 만 원으로 스무 그릇을 사 먹을 수 있었는데, 요즘은 보통 한 그릇에 3~4천 원씩 하니까 만 원으로 겨우 세 그릇밖에 못 먹잖아.

이런 과정이 수십 년에 걸쳐 일어나면 자연스러운 경제 변화라고 할 수 있지만, 1년도 안 되는 짧은 시간에 그렇게 된다면 큰 문제가 돼. 월급은 정해져 있는데 물건 값이 치솟으면 서민들이 살 수 있겠어? 그래서 정부는 물가 안정을 위해 물가 상승률을 주의 깊게 살펴보고 있어.

인플레이션 중에서도 전쟁이나 천재지변 등으로 물가가 통제할 수 없는 수준으로 급등하는 경우를 하이퍼^초 인플레이션이라고 해. 2008년 11월 짐바브웨의 물가가 하루에 두 배씩 뛰는 바람에, 열흘 새 화폐가치가 1,000분의 1로 떨어져 휴지 조각이 되었다지?

요즘에는 인플레이션이란 단어가 '학력 인플레'라는 표현에서처럼 변형되어 쓰이기도 해. 예전엔 대학 졸업자가 적었는데, 요즘은 대학 졸업자는 물론 대학원을 나온 석사 학위 소지자도 엄청나게 많아졌잖아. 이런 경우에는 뭔가가 예전에 비해 적정 수준을 넘어 넘치게 많아졌다는 뜻 정도로 생각하면 돼.

인플레이션과 관련해서 알아 두면 좋은 말이 하나 있어. 바로 애그플레이션이야. 애그플레이션이란 농업^{agriculture}과 인플레이션^{inflation}을 합친 말인데, 전쟁이나 기상이변 등으로 쌀이나 밀 같은 식량이 부족해 국제 농작물 가격이 급등함으로써 발생하는 인플레이션을 지칭하는 거야.

실제로 요즘 배추나 상추 같은 채소 가격이 비싸지면서 우리나라에서도 식량 인플레이션이 현실화되고 있어. 그래서 세계 각국은 '식량 안보'라는 개념을 도입해서 식량 확보에 힘쓰고 있어.

디플레이션

인플레이션의 반대말. 물가가 하락하는 대신 돈의 값이 오르는 현상을 말함. 물건 값이 내려가면 좋을 것 같지만, 그 대신 경제가 침체되어서 결국은 월급도 줄고 일자리가 없어질 수도 있음.

디스인플레이션

인플레이션, 디플레이션과 단어 모양은 비슷하지만 뜻을 잘 구별해야 할 단어. 인플레이션이 생길 때 물가를 낮추기 위해 각 나라 정부가 실행하는 정책들을 말함.

식량 안보

21세기에는 식량 안보가 세계 각국의 중요한 과제로 떠오르고 있다.
농업 정책을 식량 안보의 관점에서 연구해야 한다.

지금까지는 국가 안보라고 하면 북한의 위협 등 전쟁이 날 경우 어떻게 나라를 지킬 것인가에 초점이 맞춰져 있었지. 그런데 요즘엔 점차 식량 문제와 에너지 문제가 국가 안보 차원에서 다뤄지고 있어.

국제식량정책연구소^{IFPRI}는 향후 수십 년간 식량 부족 현상이 심각해지고 농산물 가격이 유례없이 폭등할 거라고 내다봤어. 지구온난화로 인해 곡물 생산량이 급격히 감소하고, 해충과 잡초의 번식이 왕성해지기 때문이라는거지. 특히 식량 수출국들이 자국의 식량을 무기화하려고 수출을 제한할 것이기 때문에 돈이 있어도 식량을 살 수 없는 상황이 올 수 있다고 경고했어.

안타깝게도 이 예측은 상당 부분 들어맞고 있어.

국제 유가가 오르면서 석유를 대체하기 위한 바이오디젤 연료가 인기를 끌자, 미국이나 유럽을 중심으로 막대한 양의 옥수수와 콩이 바이오디젤 연료 생산에 사용되었지. 그러니 곡물 값이 오를 수밖에. 게다가 중국, 인도 등 인구 대국의 경제가 성장하면서 세계 식량 소비량은 계속 늘어난 반면, 생산량은 기상이변 등으로 불안정해지면서 곡물 가격은 점점 비싸지고 있어.

급기야 2008년 6월, 국제 곡물 가격은 인류 역사상 최고치를 기록했지.

이후 국제 금융위기 때문에 주요 곡물 가격이 하락했지만 그것도 잠시, 유엔 산하 식량농업기구FAO는 지난 2010년 12월 기준으로 설탕, 곡물 등의 세계 식품 가격 지수가 역사상 최고치를 갈아치웠다고 발표했어. 앞으로 2015년까지는 계속해서 가격이 오를 거라고 해.

문제는 우리나라가 세계 5위의 식량 수입국이라는 점이야. 우리나라의 식량 자급률을 보면 쌀만 100퍼센트 자급자족이 가능하고 밀은 0.5퍼센트, 옥수수는 1.0퍼센트, 콩은 8.4퍼센트밖에 안 돼. 식량 대부분을 외국에 의존하고 있는 셈이지. 시중에 파는 빵이나 과자는 거의 다 외국산 곡물로 만든 거라고 봐야 해.

좀 극단적으로 비유하자면 당장 식량 수입이 끊길 경우 쌀밥만 전 국민이 먹을 수 있을 뿐 밀은 200명 중 1명, 옥수수는 100명 중 1명만 겨우 맛볼 수 있다는 뜻이야.

만약 대규모 기상이변 때문에 국제적으로 식량 확보가 어려워지면 어떻게 될까?

우선 곡물 가격이 폭등하겠지. 라면, 빵 등 생필품 가격도 덩달아 올라가고 전체적으로 물가가 올라가는 인플레이션이 발생할 거야. 그나마 자급자족이 되는 쌀은 좀 낫겠지만 기존의 다른 곡물 대신 쌀을 찾는 수요가 늘면서 결국 쌀값도 폭등하게 돼.

또 사람들이 버는 돈은 그대로인데 식량 가격이 오르면 생활비 중 식비 지출이 늘어나 엥겔계수도 상승하고, 사람들의 살림살이는 더욱 어려워질 거야. 그러다 식량이 바닥나면 사회적 혼란뿐 아니라 국제적으로 분쟁이나 전쟁이 발생할 수도 있어. 생각만 해도 무서운 일이지.

엥겔계수
가계의 총 소비 지출액에서 식료품비가 차지하는 비중. 즉 한 가족이 한 달 간 쓰는 돈 중에서 음식 값이 몇 퍼센트를 차지하느냐를 말함. 엥겔의 법칙은 소득이 많을수록 음식값 비중이 작다는 것.

그럼 식량 안보를 위해서는 어떻게 해야 할까?

지금 당장은 외국에서 식량을 사 오는 것이 싸고 간편하다 하더라도, 미래를 생각한다면 주요 농작물들만이라도 자급률을 높일 필요가 있어. 농업기술을 발전시켜 생산성을 높이고, 농지가 부족한 한반도의 특성을 감안해서 외국에 식량 생산 기지를 만드는 방안도 검토해 봐야지.

다만 일본의 사례를 볼 때 외국에 식량 기지를 만드는 것은 실패할 확률이 높아.

일본의 경우 식량 자급률을 높이기 위해 발빠르게 해외에 식량 기지를 세웠지만 기후와 문화가 다른 현지에서 농사짓는 게 어려웠고 곡물 저장 및 운송망을 장악하고 있는 '곡물 메이저'가 수확한 농산물을 일본으로 들여오는 걸 도와주지 않아 실패로 끝났어. 그래서 일본은 방향을 선회해 국제적인 농산물 유통망을 확보하는 데 힘썼고 나름대로 성과를 거두었어.

우리나라 역시 최근 국제적인 곡물 유통 회사 설립을 추진하고 있어.

곡물 메이저

세계적인 곡물 가격 인상으로 인해 곡물 메이저들은 큰돈을 벌었다.
곡물 메이저들은 세계 곡물 시장에서 독과점적인 지위를 누리고 있다.

식량 위기의 와중에도 큰돈을 버는 ABCD가 있다?

세계에는 '곡물 메이저'로 불리는 거대한 기업들이 있어. 미국계 아처 대니얼스ADM, 카길Cargill, 프랑스의 드레퓌스Louis Dreyfus, 남미의 벙기Bunge. 사람들은 이들의 앞 글자를 따서 ABCD라고 부르곤 해.

이들 4개 회사는 세계 곡물 유통량의 80퍼센트 이상을 장악하고 있어. 막대한 자금력으로 세계 농산물 생산지와 미국 시카고의 국제 곡물 거래소에서 곡물을 사들이고, 이를 각국 정부와 기업에 팔아 엄청난 이윤을 벌어들이는 국제 농업계의 실력자들이야.

곡물 메이저들이 손대는 것은 농작물 씨앗에서부터 농약, 가공식품, 생명공학에 이르기까지 식량과 관련된 모든 분야뿐 아니라, 식량을 실어 나르는 선박 회사와 거대한 저장 시설까지 포함되기 때문에 다른 운송 회사나 유통 회사들은 곡물 거래에 끼어들 여지도 없다고 해.

특히 세계 최대인 카길은 전 세계 66개국에 13만 1천 여 명의 종업원을 두고 있고, 2010년 한 해에만 1,079억 달러, 우리 돈으로 121조 원의 매출을 올렸어.

우리나라도 카길의 주요 고객이야. 우리나라의 전체 곡물 수입에서 카길이 차지하는 비중은 엄청나. 2009년에는 옥수수 수입 물량의 57퍼센트를 카길이 담당했고, 밀 수입 물량의 52퍼센트를 아처 대니얼스와 카길이 나눠 가졌으니, 미국 회사들이 우리나라의 식량을 좌지우지하고 있다고 봐도 과언이 아니지.

문제는 카길이나 다른 곡물 메이저들이 국제 시장을 장악하고 있다 보니 기상이변 등으로 곡물 가격이 급등할 때 폭리를 취할 뿐 아니라, 이익을 극대화하기 위해 자기네 나라 정부를 동원하거나 자기들 입맛에 맞게 국제 질서를 바꾸려고 한다는 사실이야.

실제로 전前 미국 대통령 부시는 재임 당시 카길의 사장을 대통령 직속 수출자문위원회PEC 위원으로 임명했어. 이에 카길 사장은 미국 식품 산업의 이익을 대변하며 미국 상품을 위해 해외 시장을 개방하는 데 기여하겠다고 각오를 밝힌 바 있어.

결국 미국 정부가 앞장서서 미국 기업들의 돈벌이 길을 열어 주고 있는 셈인데, 이처럼 국가가 적극적으로 자기네 나라 기업들을 보호하는 것을 '보호무역'이라고 해.

보호무역과 자유무역

경제 위기 이후 세계 각국은 보호무역을 강화하고 있다.
상품에 대한 기술 규제가 근래 들어 새로운 보호무역 수단으로 부각되고 있다.

보호무역이란 무역 활동에 국가가 적극적으로 나서서 자기 나라 기업들을 보호하는 것을 말하고, 반대로 국가가 개입하지 않은 채 자유롭게 무역 활동을 하도록 하는 것을 자유무역이라고 해.

보호무역의 방법은 크게 두 가지가 있어. 자국 기업에 돈을 지원해서 수출을 장려하는 직접적인 방식과 보호관세 제도라고 해서 수입품에 세금을 물려 외국 기업의 경쟁력을 낮추는 간접적인 방식이 있어.

보호관세 제도
자기 나라의 산업을 보호하기 위해 수입품에 높은 비율의 세금을 물리는 제도. 수입품 가격이 비싸지면 국산품이 손쉽게 경쟁력을 가질 수 있음.

아예 무역을 하지 않고 경제적 고립을 추구하는 쇄국주의는 바람직하지 않지만, 보호무역주의와 자유무역주의는 둘 중 뭐가 좋다 나쁘다 말하기 어려워. 상황에 따라 다르거든.

역사적으로 보면 자유무역주의는 18세기경 영국 애덤 스미스를 중심으로 활발하게 주장되었고 보호무역주의는 독일과 미국을 중심으로 주장되었어. 영국은 산업혁명을 일찍 경험해 산업 경쟁력이 탄탄했던 반면 독일이나 미국은 산업 기반이 약해서 영국 기업들과는 경쟁이 안 됐거든. 자국 이익에 따라 입장이 달랐던 거지.

그러다 제2차 세계대전 이후 미국 기업들이 세계 경제를 주도하면서 미국은 자유무역주의를 옹호하기 시작했어. GATT라는 국제적인 무역협정을 맺기도 했지.

하지만 얼마 못 가 한국과 일본 등 제조업 경쟁력이 강한 나라들에게 위협을 받게 되자, 미국은 1988년 급기야 보호무역주의로 돌아서서 '종합무역법'을 제정했어. 그중 제301조에 미국 산업을 위협하는 국가들에 대한 무역 보복 조치를 명시했지. 내용인즉 미국 정부가 특정 국가에게 특정 분야의 산업을 개방하라고 요구한 다음, 그 나라가 3년 내에 응하지 않으면 보복 조치로 그 나라의 수출 업체에게 물건값에 맞먹는 세금을 물린다는 거야. '수퍼 301조'라는 별명으로 불리는 이 조항 때문에 특히 한국과 일본이 매우 힘들어했지.

미국 외에 EU 같은 선진국들도 여러 가지 보호무역 조치를 통해 자국 기업을 보호하고 있어. 개발도상국가들 역시 점차 자원이 현저히 부족해지면서 천연자원을 중심으로 보호무역에 나서고 있지. '자원 내셔널리즘'이란 말이 생길 정도로 말이야.

그러면서도 세계 각국은 자기가 유리하다 싶은 나라들과는 앞다투어 '자유무역협정FTA'을 체결해 가며 자유무역 확대에 나서고 있으니 좀 웃기지? 아무래도 자국 산업의 경쟁력이 높으면 자유무역이 유리하고, 그

GATT
1947년 스위스 제네바에서 무역 증대를 위해 이뤄진 선진국들 간의 협정. 제네바관세협정이라고도 함. 1995년 세계무역기구(WTO)로 대체됨.

렇지 않으면 보호무역이 유리하기 때문이야.

　최근 한–미 FTA가 논란이 되고 있는 것도 이런 관점에서 살펴보면 이해하기 쉽겠지.

자유무역협정 free trade agreement

FTA 협정에 반대하는 대규모 시위 예상.
美, 11월 안에 9개국과 FTA 협상 타결 목표로 추진 중.

　자유무역협정, 즉 FTA는 두 나라 간의 무역 증진을 위해 상품과 서비스 무역을 자유롭게 하자는 약속이야.

　종래 자유무역협정은 대개 북미자유무역협정NAFTA 등과 같이 인접 국가나 특정 대륙을 중심으로 이루어졌다는 점에서 지역무역협정 RTA: Regional Trade Agreement이라고 불렸는데, 요즘의 FTA는 종종 지리적으로 먼 국가들 간에 이뤄진다는 점에서 차이가 있어.

　FTA는 세계무역기구WTO와도 차이가 있어. WTO가 153개 회원국이 모두 똑같은 조건으로 무역할 수 있도록 보장하는 '다자주의' 무역 체제인 반면, FTA는 두 나라 간에만 서로 똑같은 조건으로 무역을 하자는 '양자주의' 무역 체제니까.

　FTA가 체결되면 시장 규모가 커지기 때문에 경쟁력 있는 산업엔 새로운 수출길이 열린다는 장점이 있지만, 경쟁력이 낮은 산업은 쇠퇴할 수 있다는 게 단점으로 꼽히

자유무역협정, 꼭 해야 하나?
세계 각국은 끼리끼리 FTA를 체결하고 있는데, 우리만 하지 않는다면 FTA로 연결된 국가들에 비해 불리한 위치에 놓일 수 있음. 우리나라처럼 수출로 먹고사는 나라가 FTA를 전혀 하지 않는다는 건 현실적으로 어려운 일.

지. 한-미 FTA가 문제되고 있는 것도 바로 이 점 때문이야. 한-미 FTA
가 체결될 경우 대부분의 수출품은 우리가 유리하겠지만 제약, 농축
산물, 금융 등의 산업은 우리가 불리할 것으로 예상되거든. 질에 비해
저렴한 미국산 소고기가 몰려오면 국내 한우 농가들의 피해가 막심할
거야.

우리나라 최초의 FTA 체결국은 칠레야. 한-칠레 FTA는 2004년 4월
1일부터 발효됐어. 그 후 한-싱가포르 FTA, 한-EFTA^{유럽자유무역연합}
FTA, 한-ASEAN^{동남아시아국가연합} FTA 등이 체결됐고, 최근에는 한-미
FTA가 주목을 받고 있어.

이 중 성공한 것으로 평가받고 있는 한-칠레 FTA는 체결 이후 6년
만에 여러 가지 변화를 가져왔어. 우리나라의 산업 제품 수출은 4.8배
증가했고, 농축산물 수입은 2.7배 늘어난 것으로 나타났지. 요즘 우리
식탁에 오르는 와인, 포도, 삼겹살 중 상당 부분이 칠레산이고, 칠레에
서 한국 자동차는 일본을 제치고 시장 점유율 1위로 올라섰어.

사실 FTA는 '파레토최적'이라는 경제법칙을 전제로 해. 파레토최적
이란 '완전경쟁시장에서 자원이 최적으로 배분된 상태'를 말하는데, 쉽
게 말해 생산자와 소비자들이 아무런 제약 없이 자유롭게 경제활동을 할
때 물품이나 돈이 가장 적절하게 배분될 수 있다는 이론이야.

이 개념은 FTA와 연결이 돼. 만약 두 나라가 FTA를 통해 자유롭게 경
제활동을 하면 자연스레 서로에게 최적의 형태로 생산과 소비가 이뤄진
다는 거지. 예를 들어 한국은 자동차를 쉽게 만들고 칠레는 포도주를 쉽
게 만드니, 한-칠레 FTA를 통해 자동차는 한국이 만들어 팔고, 포도주
는 칠레가 만들어 팔면 두 나라 모두 저렴한 비용으로 자동차와 포도주

를 살 수 있게 된다는 논리야.

하지만 파레토최적에 근거한 FTA는 자원 배분만 신경 쓸 뿐 그에 따른 소득의 분배는 고려하지 않는다는 점이 문제야. 선진국과 후진국이 무턱대고 FTA를 체결해서 첨단 기술이 필요한 고급 제품은 선진국이 만들고 단순하고 값싼 제품은 후진국이 만들기로 한다면 항상 선진국만 더 많은 돈을 벌게 될 테니까.

또 FTA를 한다 해도 실제로 완전경쟁이 이루어질지는 장담할 수 없다는 점도 문제가 돼.

FTA를 평가해 보면 한-칠레 FTA를 제외한 다른 FTA를 통해서는 아직 우리나라가 별다른 이득을 보지 못하고 있어. 그러니 FTA 자체가 좋다거나 나쁘다거나 하기보다는 얼마나 전략적으로 상대 국가를 철저히 연구하고 추진하느냐가 더 중요하다고 봐야지.

한편, 파레토최적이란 말을 만들어 낸 파레토는 '파레토법칙'이라는 경제법칙으로 더 유명해.

파레토법칙 vs. 롱테일법칙

유통업계, 올해도 '파레토 효과' 기대.
인터넷 시대에는 롱테일법칙에 충실한 기업들이 각광받고 있다.

파레토법칙은 '80 : 20 법칙'으로 더 유명한데 전체 성과의 80퍼센트는 구성원 중 상위 20퍼센트에 의해 발생한다는 뜻이야.

이탈리아의 경제학자 빌프레도 파레토^{Vilfredo Pareto}는 통계 조사를 통해 국민 소득의 80퍼센트는 상위 20퍼센트에 집중되어 있는 반면, 80퍼센트의 국민이 나머지 20퍼센트의 소득을 나눠 갖고 있다는 사실을 발견했어. 이것이 소득 불균형을 나타내는 파레토법칙이야.

파레토법칙은 점차 경영학 분야에도 확장해서 쓰이게 됐어. 예를 들면 백화점의 연간 매출액 80퍼센트는 20퍼센트의 부자 고객이 좌우한다는 식이야.

파레토법칙이 유명해지면서 자연법칙까지 꿰어 맞추려는 시도가 나타났어. 100마리 개미나 꿀벌 중 20퍼센트만 부지런히 일하고 80퍼센트는 놀고 있다는 등의 이야기인데, 과학적 근거가 있다고 보기는 어려워. 이 법칙은 전체주의 국가에서 사회적 약자들을 억누르는 근거로 잘못 쓰이기도 했어.

'소품종 대량생산'으로 상징되는 제조업 중심의 산업사회에서는 파레토법칙이 주류였어. 기업들도 상위 20퍼센트의 고객에만 집중하는 경향이 있었지. 그런데 지금도 파레토법칙이 최선일까?

인터넷의 발달로 사회가 정보화·다원화되면서 경영학을 중심으로 롱테일법칙이 등장했어.

롱테일법칙은 80퍼센트의 '사소한 다수'가 20퍼센트의 '핵심 소수'보다 뛰어난 가치를 창출한다는 이론으로, '역逆 파레토법칙'이라고도 해.

인터넷 쇼핑몰이 그 대표적인 예야. 온라인 서점 아마존닷컴의 전체 수익 중 상당 부분은 이른바 '잘 안 팔리는 책들'에 의하여 발생하고, 인터넷 포털 구글의 주요 수익원은 대기업이 아니라 꽃배달 업체나 제과

전체주의
국가나 민족 전체가 개인보다 중요하다는 관점. 강력한 국가 권력이 개인의 자유나 권리를 통제하는 사회 체제나 사상을 말함. 이탈리아의 파시즘, 독일의 나치즘을 주로 가리키다가 중국이나 소련의 공산 독재 체제를 가리키는 말로 쓰이게 됨.

점 등 '자잘한' 광고주라는 거지.

그렇다고 해서 파레토법칙이 사라지게 되었다는 뜻은 아니야. 금융업계나 고급 백화점 등에서는 최근 들어 '수퍼 파레토법칙'이라는 말까지 사용하고 있어. 상위 5퍼센트의 고객이 전체 매출의 95퍼센트를 좌우한다는 의미야. 우리 사회의 소득 분배가 너무 양극화되어 있다는 방증이라고도 할 수 있지.

그런데 우리나라는 경제보다 오히려 교육 분야에서 파레토법칙과 롱테일법칙의 갈등이 심각해. '3불 정책'과 '고교평준화 정책' 논란이 바로 그거야.

3불 정책과 고교평준화 정책

교육과학기술부 장관은 3불 정책을 폐지할 뜻이 없음을 밝혔다.
고교평준화에 대해 찬반 논란이 거세다.

파레토법칙과 롱테일법칙이 충돌하는 대표적인 영역 중 하나가 바로 우리나라의 교육 정책이야. 3불 정책이니 평준화니 수월성 교육이니 하는 말을 혹시 들어 봤니?

3불 정책三不政策이란 세 가지를 금지한다는 뜻인데, 1999년 도입된 대학 입시 정책을 말해. 기여 입학제 금지, 본고사 금지, 고교 등급제 금지를 가리키지.

이걸 왜 금지하는 걸까?

우선 기여 입학제는 학생의 성적이 아니라 부모의 돈을 기준으로 학생을 선발하는 것이니 헌법상 평등의 원칙에 어긋나서 금지! 본고사를 치르면 학교 수업보다 사교육에 의존할 수밖에 없게 되므로 그 또한 금지. 마지막으로 고교 등급제를 허용하면 '고교 입시=대학 입시'가 되는 셈이라 초·중학생들이 입시 경쟁과 사교육에 내몰리게 되므로 금지!

고교평준화 정책을 도입한 이유도 3불 정책과 마찬가지 이유에서야. 옛날에는 비평준화라고 해서 성적에 따라 고등학교가 정해졌어. 그러다 보니 중학교 때부터 과도하게 입시 교육에 매달려야 했지. 그래서 지금은 특목고 등을 제외하고는 일명 '뺑뺑이'로 추첨해서 집 근처로 배정을 하잖아. 이걸 평준화 정책이라고 해.

그런데 요즘 '수월성 교육'을 표방하면서 3불 정책과 평준화를 재검토하자는 주장이 있어. 여기서 수월성이란 '일하기가 수월하다'에서처럼 쉽다는 의미가 아니야. 한자로 '빼어날 수秀'와 '넘을 월越'을 쓰는 수월성 교육은 'excellence in education'을 그대로 번역하면서 만들어진 단어야.

수월성은 '학생의 소질, 잠재력을 최대한 계발시킨 상태'라고 정의되지만 실상은 상위 5퍼센트의 학생들, 즉 1퍼센트의 영재와 4퍼센트의 상위권 학생을 따로 모아 집중 교육시키자는 거야. 3불 정책과 평준화 정책 아래서는 수재들을 위한 특별 교육을 하기 어려우니 천재들을 길러 노벨상도 타고 국제 경쟁력도 키우려면 그런 정책들을 없애야 한다는 거지.

기여 입학제
대학에 돈 주고 특례 입학 하는 것.

본고사
대학교 자체적으로 국·영·수 등 주요 과목에 경시대회 수준의 어려운 시험을 봐서 신입생을 선발하는 것.

고교 등급제
각 고등학교를 성적순으로 등급화하고 그에 따라 명문고 학생을 우대하는 것.

하지만 핀란드 같은 선진국도 평준화를 하고 있고, 실제 평준화 지역 학생들이 비평준화 지역보다 전체 성적이 더 좋다는 통계를 들어 반론을 제기하는 사람들도 있어.

교육 정책 방향을 파레토법칙처럼 소수의 상위권 학생에 집중할 것이냐, 롱테일법칙처럼 다수의 중하위권 학생을 배려할 것이냐의 논란은 지금도 진행 중이야. 이 문제는 워낙 대립이 첨예하다 보니 '시민단체'까지도 입장이 극명하게 갈려 있어. 주로 학부모 단체나 보수 성향 단체들은 3불 정책과 평준화를 비판하고, 전교조나 진보 성향 단체들은 그 정책들을 지지하는 편이야.

시민단체와 NGO non-governmental organization

대한민국에 등록된 시민단체는 2008년 기준 약 2만 개로 추산된다.
국내 NGO들이 아이티 대지진 긴급 구호에 나섰다.

비정부기구라고 번역되는 NGO는 보통 개인이나 민간단체가 연합하여 조직한 국제적 기관INGO을 가리키는 경우가 많아. UN 헌장에 따라 인정받는 국제기구들을 말하지. 이와 달리 국내에서 주로 활동하는 NGO들은 보통 시민단체라고 불려.

국제 NGO나 국내 시민단체들의 공통점은 공익성, 비정부, 비영리를 들 수 있어.

시민단체의 역사는 그렇게 길지 않아. 1800년대 중반쯤 YMCA와 국제 적십자위원회가 생겨난 뒤, 1900년대 초 유럽과 미국을 중심으로 시민의식이 발달하고 사회가 다원화되면서 공익을 위한 시민단체들이 생겨났어.

우리나라만 해도 시민단체들의 종류와 활동 영역이 굉장히 다양해. 정치인들의 의정 활동을 감시하는 참여연대, 국민이 부당하게 세금을 징수당하지 않도록 도와주는 한국납세자연맹, 대기업의 불공정행위를 감시하는 경제정의실천시민연합^{경실련}, 환경오염을 감시하고 환경보호에 앞장서는 녹색연합 등등.

정치며 경제며 환경이며 나와는 너무 먼 얘기 같지? 그러나 시민단체라는 게 그렇게 거창한 것만은 아니야.

원래 시민단체는 소소한 생활 속에서 접하는 문제들을 개선하기 위해 출현한 것이니까 좋은 아이디어와 의지만 있다면 누구라도 시민운동을 시작할 수 있어. 특히 요즘은 인터넷의 발달로 의사 전달과 회원 모집이 손쉬워져서 시민운동을 하기에는 더없이 좋은 환경이라고 할 수 있어.

재미교포인 대니 서^{서지윤}를 알고 있는 친구들도 있을 거야.

대니 서는 열두 살 생일에 친구 일곱 명을 설득해서 환경보호 단체인 'Earth 2000'을 결성하고, 자기가 살던 마을의 숲 개발을 막는 캠페인을 벌이면서 환경 운동을 시작했대. 동물 보호 운동과 초·중등학교 해부 실험 거부 운동 등을 통해 회원을 모아서 미국 최대의 청소년 환경보호단체로 키워 냈지. 대니 서는 〈피플〉지가 선정한 '세계에서 가장 아름다운 50인'에도 뽑혔어.

'세계는 넓고 할 일은 많다'는 말이 있어. 수행평가나 봉사 활동 시간을 채우는 데만 급급해하지 말고 그 시간을 통해 청소년 시민단체를 구상해 보는 건 어떨까? 아직은 미성년자라 제약이 많지만 그 안에서 건강하게 자기 목소리를 내고 행동하는 것이야말로 진정한 '학생 인권'의 출발점일 거야.

학생인권조례

체벌금지를 주축으로 하는 학생인권조례가 시행되었다.
학생인권조례가 교실 풍경을 바꾸고 있다.

학생인권조례는 지방자치단체 차원에서 학생들의 인권을 보장하자는 취지로 만든 법규를 가리키는 말이야.

우리나라 역사상 최초로 경기도교육청에서 만들어 2010년 9월 17일 경기도 의회를 통과한 '경기도 학생인권조례'는 학교 교육과정에서 학생들의 인권을 보장하기 위한 목적으로 만들어졌어.

학생의 두발 길이를 규제하지 말 것, 체벌하지 말 것, 야간자율학습 및 보충수업에 참여할지 말지를 선택하게 해 줄 것 등 학교생활에 밀접한 내용들이 담겨 있어.

학생인권조례는 초안 발표 당시부터 거센 찬반 양론에 휩싸였어.

보수 성향의 언론과 교육계 인사들은 크게 세 가지 이유를 들어 반대했지.

- 교사들의 권위가 떨어지고 학생들을 지도하기 어려워진다.
- 학습 분위기가 나빠져 정작 공부하려는 학생들이 피해를 입는다.
- 대법원도 지난 2004년 사회 통념상 적정 수준의 체벌을 인정하는 판결을 내린 바 있다.

반대로 진보 성향의 찬성론자들은 이렇게 주장했어.

- 학생 인권을 보장하는 것은 헌법적 가치이므로 교권이 일부 제약된다고 해도 감수해야 한다.
- 교사–학생 관계에서 교사는 기본적으로 우월적 지위를 갖기 때문에 학생 인권을 명시적인 법규로 보장해야 한다.
- 선진국들은 이미 학생 인권을 보장하고 있으니, 우리도 학생들에게 기계적인 복종을 강요하기보다는 자율성과 창의성을 배양해 주어야 한다.

하여튼 경기도에서는 이미 학생인권조례가 시행되고 있고 서울, 전북, 광주, 강원 등 진보 성향의 교육감이 당선된 다른 지역 교육청에서도 학생인권조례 제정을 추진하고 있어.

하지만 학생들을 계도할 만한 마땅한 대안 없이 성급하게 체벌을 금지하는 바람에 학생들이 교사를 무시하고 심지어 욕설과 폭력까지 자행한다는 보도에 많은 사람들이 걱정을 하고 있지. 마침내 교육과학기술부에서는 운동장 걷기나 팔굽혀펴기 같은 '간접 체벌'을 허용하는 지침을 발표했어.

이처럼 교육과학기술부와 교육청의 방침이 충돌하면 학교 선생님들은 혼란스러울 수밖에 없지만 학교 질서와 학생 인권이 조화롭게 자리 잡기 위해서는 시행착오를 어느 정도 감수해야 할 거야. 학생 인권 정책은 이제부터라고 할 수 있고, 그런 점에서 학생인권조례는 중요한 의미를 띠고 있어.

다수결원리와 소수자 보호

위헌법률심판과 헌법소원

견제와 균형

법, 명령, 규칙, 조례

우선의 원칙

논리적 모순

배수진을 치다

다수결원리와 소수자 보호

다수결원리는 민주주의의 중요한 원칙이다.
맹목적인 다수결원리는 소수자에게 폭력이 될 수도 있다.

민주주의란 나라의 의사결정 권한을 국민이 갖는 정치 이념을 말해. 왕이나 귀족이 아닌 국민 모두가 주권을 가지려면 국민 한 사람 한 사람이 평등하다는 것이 전제되어야 해. 각 사람의 의견은 똑같이 중요하다고 할 수 있지. 그럼 사람마다 생각이 다른 경우는 어떻게 의사결정을 해야 할까?

그래서 나타난 것이 대의제도와 다수결원리야. 대의제도란 국민을 대표해서 의사결정을 할 사람을 뽑는 거야. 선거를 통해서 말이지. 우리나라에는 대통령 선거, 국회의원 선거, 지방 선거가 있어. 그리고 다수결원리란 알다시피 더 많은 사람이 찬성하는 방안대로 하자는 거야. 그런데 단순히 머릿수 많은 쪽의 뜻대로 하는 것은 민주주의의 기본 원리가 아니야. 소수자를 보호하는 다수결원리일 때만 민주주의의 기본 원리가 될 수 있지. 무조건 다수의 뜻대로 하려 들면 독재의 수단으로 악용될 수도 있거든.

무인도에 10명이 표류했다고 쳐. 그중 8명은 일행이고 2명은 모르는 사람이야. 그런데 8명이 다수결로 자기네 일행을 제외한 나머지 2명에겐 먹을 것을 주지 말자거나 노예로 삼자고 결정한다면 과연 옳은 것일까?

만약 그 8명이 선거에서 특정인 한 명만 찍기로 한다면? 점차 그 지도자는 왕 같은 지위를 갖게 될 거야. 더구나 그 사람이 소수자들을 몰아내는 법을 만들려고 한다면? 그때도 다수결로 해야 할까?

너무 극단적인 예처럼 보이겠지만 역사적으로 이와 비슷한 일이 있었지. 제2차 세계대전 당시의 히틀러와 나치스 정권이 그 대표적인 예라고 할 수 있어. 당시 독일은 실질적으로는 독재국가였지만 형식적으로는 민주주의에 따라 국민투표를 거쳐 히틀러를 총통으로 선출했지. 그리고 히틀러는 자신에게 주어진 무제한의 권력을 이용해서 소수자인 유대인들 수백만 명을 학살했어.

다수결원리를 문자 그대로 따를 수 없다는 것은 국회를 봐도 알 수 있어. 우리나라 국회를 예로 들면, 요즘은 한나라당이 압도적인 다수당이니 다수결원리대로 할 거면 그냥 한나라당 의원들끼리만 의사결정을 하면 그만이겠지. 어차피 표결해 봐야 한나라당 뜻대로 될 테니까. 그러나 그렇게 하면 민주당이나 민노당 같은 야당 국회의원 100여 명은 4년간 허수아비 노릇만 하게 될 거야.

그러므로 민주주의의 기본 원리로서의 다수결은 소수자를 보호해야 하고, 언론과 표현의 자유를 보장함으로써 소수자들의 노력에 따라 누구나 다수자가 될 수 있는 길을 열어 주어야 해.

그런 의미에서 국회는 의사결정 과정에서 정당들 간에 협의를 꼭 하도록 하고 있어. 그리고 조만간 **필리버스터**라고 하는 합법적 의사결정 지연 장치를 두어 소수당이 힘을 쓸 수 있도록 할 예정이야. 이 모두가 민주주의를 올바르게 실현하기 위한 노력이야. 숫자가 많든 적든, 뜻을 달리하는 세력들이 서로 '견제'하게 함으로써 힘의 '균형'을 잡자는 것이지.

필리버스터
'합법적 의사 진행 방해'라고 해석할 수 있음. 국회에서 소수파가 질게 뻔한 상황에서 이를 막기 위해 합법적으로 의사진행을 저지하는 일체의 행동을 말함. 일례로 1964년 김대중 전 대통령이 국회의원이던 당시 5시간 19분 동안 쉬지 않고 연설해서 다수당의 부당한 안건 처리를 막아 낸 일이 유명함.

견제와 균형

독재국가에는 권력의 집중을 억제할 수 있는 견제와 균형의 장치가 없다.
대한민국 헌법에는 삼권분립을 통해 견제와 균형을 이루고자 하는 내용이 담겨 있다.

민주주의는 견제와 균형을 굉장히 중시하는 정치 체제야. 민주주의의 탄생 배경을 보면 그 이유를 알 수 있어.

근대 민주주의의 계기가 된 프랑스 혁명과 영국 혁명은 국왕이 절대 권력을 갖는 군주 체제를 없애고 시민계급이 주권을 행사하겠다는 의지를 담은 것이거든.

앞으로도 왕이나 황제 같은 절대 권력자가 나오지 못하게 하려면 국가기관의 권력을 분할하고 서로를 견제하게 하는 것이 가장 안전하겠지? 그렇게 함으로써 시민계급의 자유를 영원히 보장할 수 있다는 이론이 바로 삼권분립이야. 즉, 입법권은 국민의 대표인 국회에 주고, 행정권은 직업 공무원들로 이루어진 정부에 주며, 사법권은 독립적인 법원에 주어 어느 한쪽이 권력을 독점하지 못하도록 견제와 균형을 이루자는 거지.

하지만 삼권분립에 따라 민주주의가 시작된 뒤에도 다수결원리나 대의제도의 허점을 악용하여 장기 집권에 나선 독재자들이 나타났어. 대개는 이런 과정을 따르지.

강력한 지지 세력을 바탕으로 행정부를 장악한다. → 지지자들을 국회의원으로 당선시키고 반대파를 몰아내어 입법부를 장악한다. → 마지막으로 사법부에 자기 지지자들을 고위 법관으로 앉혀 놓는다.

겉보기엔 삼권분립이 되어 있는 것 같지만 이렇게 되면 특정 세력이 나라를 장악하는 셈이지. 독일 히틀러의 나치스 정권, 우리나라의 군사정권, 중남미와 아프리카 각국의 군사정권 등이 그러했지.

그래서 현대 민주주의는 독재자의 출현을 막기 위해 여러 가지 제도를 고안하여 견제와 균형을 이루려 노력하고 있어.

우리나라의 경우 입법부인 국회가 단순히 법을 만드는 일만 하는 것이 아니라, 행정부와 사법부를 감시하기 위해 국정감사와 국정조사를 해. 그 과정에서 잘못된 것들을 지적하면 행정부와 사법부는 그에 따라야 할 의무가 있지.

대통령 선거, 국회의원 선거, 지방 선거를 각각 다른 시기에 하는 것도 견제와 균형 때문이야. 한꺼번에 선거를 치르면 비용도 적게 들고 사람들도 덜 귀찮겠지만 시기를 나눠 선거를 치러야 특정한 시점에 인기 있는 정당이 표를 싹쓸이하는 것을 막을 수 있거든.

헌법재판소에 '위헌법률심판'을 두어 국회가 만든 법률이나 행정부의 조치가 헌법에 어긋날 경우 바로잡게 하는 것도 견제와 균형의 한 방법이야.

위헌법률심판과 헌법소원

사형제도가 헌법에 위반되지 않는지 결정해 달라는 위헌법률심판이 청구되었다.
헌법소원은 국민의 기본권을 보장하기 위한 제도다.

헌법은 나라 전체의 질서를 정하고 있는 최고법이야. 그야말로 법 위의 법이지.

그처럼 중요한 법이니만큼 개정 절차도 까다로워. 헌법은 개정하려면 전체 국회의원 3분의 2 이상이 찬성해야 하고 국민투표도 해야 하니 헌법은 그야말로 온 국민이 합의해서 만드는 규범이지. 어느 나라에도 헌법보다 높은 법은 없고, 헌법에 어긋나는 법은 위헌이라고 해서 무효가 돼.

그런데 잠깐! 헌법에 어긋나는 법은 위헌이라 무효가 된다면서 왜 헌법에 어긋나는 법률이 만들어지는 걸까?

몇 가지 이유가 있어. 우선 매년 국회를 통과하는 법률 숫자가 너무 많은 데다(08년 6월부터 09년 12월까지 914건), 헌법 조항은 간략한 문장으로 되어 있어서 법률이 헌법에 어긋나는지 불분명한 경우가 꽤 있고, 시대가 변함에 따라 헌법 조항에 대한 해석도 조금씩 현실에 맞게 변하기 때문이야.

예전에는 동성동본이라고 해서 같은 성과 본을 가진 남녀의 결혼은 법률로 금지되어 있었어. 예를 들어 김해 김씨끼리는 결혼을 할 수가 없었던 거지. 그런데 1997년 헌법재판소가 '동성동본 간 혼인금지' 조항이 헌법에 어긋난다고 판결한 이후로 이제는 가까운 친척이 아닌 한 자유롭게 결혼할 수 있어. 이처럼 헌법재판소는 낡은 제도들을 시대의 흐름에 맞게 바꾸는 데 큰 역할을 하고 있지.

이런 이유로 우리나라나 독일 등은 헌법재판소를 따로 설치해서 헌법에 어긋나는 법률이나 국가기관의 조치에 대해 심사하고 있어.

우리나라 헌법재판소의 재판 형식은 '헌법소원'과 '위헌법률심판'이라는 두 가지 방식으로 구분할 수 있어. 헌법소원은 개인이 직접 헌법재판소에 호소하는 것이고, 위헌법률심판은 재판 중에 법관이 헌법재판소에 심판을 요청하는 거야. 둘의 공통점은 법률이 헌법에 위반되는지를 심사한다는 것, 그리고 총 9명의 헌법재판관 중 6명 이상이 위헌이라고 판결을 내리면 법률을 무효로 만들 수 있다는 점이야.

다만 헌법재판관들도 사람이니만큼 헌법에 대한 해석이 조금씩 다르게 마련이야. 그래서 때로는 그들이 내린 위헌 결정이 우리 사회를 크게 뒤흔드는 경우도 있어. 주로 정치·사회적으로 민감한 문제들이 그렇지.

헌법재판소에서는 나름의 해법으로 '어떤 법률이 위헌이다'라고 명시해서 바로 무효로 만드는 대신 '어떤 법률은 헌법에 맞지 않으니 언제까지 고쳐라'라는 식의 '헌법불합치결정'이란 제도를 도입했어.

삼권분립의 정신에 따라 헌법재판소는 원래 잘잘못만 따지도록 되어 있지만, 무조건 잘못되었다고만 할 경우 사회적 혼란이 올 수 있으니 그 점을 감안하는 거야. 사회적 혼란을 최소화하는 방향으로 국회나 정부가 잘 좀 연구해서 고쳐 보라는 뜻이라고 해.

그럼 헌법의 아래에는 어떤 '법'들이 있을까?

법, 명령, 규칙, 조례

국민의 자유와 권리를 제한하려면 법에 근거가 있어야 한다.
식품의약품안전청은 유통기한이 지난 약품들에 대해 폐기 명령을 내렸다.

법과 법이 서로 충돌하는 경우엔 어떤 법이 우선할까?

우선 '신법 우선의 원칙'이 있어. 옛 법과 새 법이 다르면 새 법이 우선이야.

다음으로 '특별법 우선의 원칙'이 있어. '어린이식생활안전관리특별법'처럼 'OO특별법'이란 이름이 붙은 법은 그야말로 특별한 법이기 때문에 일반적인 법률보다 우선하게 돼.

마지막으로 '상위법 우선의 원칙'이 있어. 법에도 서열이 있다는 건데, 헌법〉법률〉명령〉조례의 순서대로 높은 법이 우선하게 되지.

법이면 다 똑같은 줄 알았는데 종류가 다양하지? 법에는 넓은 의미의 법과 좁은 의미의 법이 있어. 넓은 의미에서 법이라고 하면 보통 사람들이 '법대로 하자, 법대로 해'라고 할 때와 비슷한 의미야. 헌법, 법률, 명령, 조례 등을 통칭하지. 그러나 좁은 의미로는 '법률'만을 가리켜.

법률이란 국회에서 재적의원 과반수 출석, 출석의원 과반수의 찬성으로 의결한 뒤 대통령이 서명하고 공포(공개적으로 발표)하여 효력을 갖게 되는 규범을 말하는 거야. 우리나라는 민주국가니까 권력은 국민에게 있거든. 그러니 국민의 대표인 국회의원들이 직접 법을 만드는 거지.

명령과 규칙은 국회, 법원, 정부 각 부처 등의 기관이 자체적으로 정한 규범을 말하는데 법률의 범위 내에서 하도록 제한하고 있어. 명령은 장관들로 구성된 국무회의의 심의를 통과해야 하고 규칙은 각 기관이 자체적으로 만들면 되기 때문에 명령이 규칙의 상위법이라고 보면 돼.

법률과 명령은 보통 '법령'이라고 합쳐서 부르기도 해.

조례란 지방자치제도와 밀접한 관계가 있어. 서울시청, 강원도청처럼 각 지역에는 지방자치단체가 있고 각각 시장(또는 도지사)과 시 의원(또는 도 의원)들이 있는데, 시장과 시 의원, 도지사와 도 의원의 관계는 대통령과 국회의원의 관계와 유사하다고 보면 돼.

조례도 법률처럼 시 의원(도 의원)들의 의결을 통해 시장(도지사)이 공포하면 효력이 생겨. 다만 해당 지방자치단체에서만 효력이 있고 법률이나 명령의 범위를 넘어설 수는 없어. 이것을 조례 제정권의 한계라고 하지.

다만 규칙과 조례 중 어느 것이 위에 있는지는 그때그때 달라. 규칙이 법령을 설명해 둔 것이라면 조례보다 위에 있지만, 그냥 정부 부처가 자체적으로 정해 둔 것에 불과하다면 조례보다 위라고 할 수는 없다는 뜻이야.

흔히 쓰는 표현 가운데 하나인 '말하는 게 조리가 있다, 없다' 할 때의 조리條理도 법률용어 중의 하나야. 조리는 굳이 법이나 규칙에 정해 두지 않더라도 일상생활에서 지키는 생활규범을 말해.

조리 있다는 말은 앞뒤가 맞고 논리적이라는 뜻인데 '육하원칙'을 기억하면 조리 있게 말할 수 있어.

육하원칙 六何原則

글쓰기의 기본 원칙은 육하원칙이다.
신문기사를 작성할 때는 육하원칙이 중요하다.

육하원칙이란 6가지의 '어찌'를 말하는 거야.

이는 언론계에서 나온 말로 뉴스 보도를 할 때는 누가, 언제, 어디서, 무엇을, 어떻게, 왜 했다는 것인지를 밝혀야 한다는 뜻이야. 영어의 who, when, where, what, how, why를 딴 것으로 5W1H(five W's and one H 라고 읽음)라고 하기도 해.

주로 신문이나 방송 뉴스의 사회면 사건·사고 기사를 작성할 때 꼭 필요한 요소들인데, 신참 기자들이 간혹 육하원칙을 안 지켰다가 선배들에게 눈물 날 정도로 혼나곤 한다지.

육하원칙을 적용하면 여러 가지를 기록할 때나 다른 사람들에게 설명할 때 조리 있게 전달할 수 있어. 그래서 경찰이나 국가기관에서 특정 사건에 대해 국민이나 상급기관에 보고할 때도 육하원칙에 따라 작성하는 것을 기본으로 하지.

우리도 평소에 어떤 글을 읽고 나서 바로 '누가, 언제, 어디서, 무엇을, 어떻게, 왜' 했는지 대답할 수 있도록 습관을 들인다면, 갈수록 조리 있게 말하고 글 쓰는 실력이 늘어나는 자신을 발견하게 될 거야.

그런데 이런 훈련이 안 되어 있는 사람들은 말과 글에서 앞뒤가 맞지 않는 경우가 많은데 그런 것을 '논리적 모순'이라고 해.

논리적 모순

그가 하는 말을 잘 들어 보면 논리적으로 모순된다.
때로는 논리적 모순 어법을 씀으로써 더욱 효과적으로 의사를 전달할 수 있다.

논리적 모순이란 쉽게 말해서 말이든 행동이든 앞뒤가 맞지 않는 걸 말해. 모순은 한자로 '창 모矛'와 '방패 순盾'을 써.

모순이라는 말이 나오게 된 일화는 워낙 유명해서 다들 잘 알 거야. 옛날 중국 춘추전국시대에 초나라의 상인 하나가 장사를 하는데, 그 어떤 방패도 뚫을 수 있는 창과 그 어떤 창도 막아 낼 수 있는 방패라며 물건들을 자랑했다지. 그때 행인이 그 창으로 그 방패를 찌르면 어떻게 되느냐고 물었고, 상인은 머쓱해서 아무 말도 하지 못했다고 해.

여기서 돌발 퀴즈 하나!

"그레데 섬 출신 선지자가 말하기를, 그레데 섬 사람들은 다 거짓말쟁이다."

여기서 그레데 섬 사람들은 거짓말쟁이일까, 아닐까?

그 선지자의 말이 맞다면 그레데 사람들은 다 거짓말쟁이인데, 그 역시 그레데 사람이니까 그의 말 자체가 거짓말이 되겠지. 그럼 그레데 사람들은 거짓말쟁이가 아니라는 말이니, 선지자의 말도 사실일 테니까 진짜로 그레데 사람들은 거짓말쟁이인가? 말의 앞뒤가 안 맞지?

이처럼 논리적 모순이 있느냐 없느냐를 살펴보는 것은 토론이나 학문 연구에서는 무엇이 참이고 무엇이 거짓인지를 밝혀내는 도구가 된다는 점에서 매우 유용하지만, 일상생활에서 무턱대고 논리적 모순을 적용하려 하면 꽉 막힌 사람으로 취급당할 수도 있어.

'그레데 섬 사람들은 대부분 툭하면 거짓말을 한다'라는 뜻으로 해석하면 되지, 군이 선지자의 말도 거짓말이 아니냐고 주장하는 것은 너무 극단적인 꼬투리 잡기라고 할 수 있어.

어른들이 "아프지 않게 쉬엄쉬엄 공부 열심히 해라"라고 덕담을 할 때가 있는데, "그건 논리적 모순 아닌가요?"라고 따지고 들면 돌아오는 건 꿀밤밖에 없지 않겠어?

문화예술이나 종교 분야에서는 특히나 그래. '소리 없는 아우성'이라든지 '작은 거인' 같은 시적인 표현에 함부로 논리적 모순을 운운하면 곤란하다고. 이런 경우는 예술적 효과를 위해 일부러 앞뒤 안 맞는 단어를 조합한 것으로, '모순 형용'이라고 불려. 법정 스님이 "모든 것을 소유하고자 하는 이는 어떤 것도 소유하지 않아야 한다"라고 한 것도 일종의 모순이지만 그 안에 깊은 뜻을 담고 있잖아.

이순신 장군이 남긴 "죽을 각오로 싸우면 살 것이요, 살고자 하는 자는 죽을 것"이라는 말 또한 대표적인 모순 어법이라고 할 수 있지. 그러나 이런 마음가짐으로 싸우는 것이 효과적임은 병법 책에도 나와 있었대. '배수진'이라는 전법 말이지.

배수진을 치다

그는 이번 협상을 앞두고 마음속으로 배수진을 쳤다.
이미 두 번 패배한 이상, 이제는 배수진을 치고 세 번째 경기에 임해야 한다.

배수진背水陣이란 물을 등지고 적군을 맞아 싸울 준비를 한다는 뜻이야. 이런 상태로 싸우다가 지면 도망갈 길이 없어 꼼짝없이 죽게 되겠지. 그러면 어차피 도망갈 곳이 없는 만큼 병사들은 죽기 살기로 싸워서 이기려 들 거야. 쥐도 궁지에 몰리면 고양이를 문다잖아.

이 말은 중국의 명장 '한신'이 이 전법을 써 큰 승리를 거두면서 유명해졌어.

사생결단死生決斷 또는 이순신 장군이 말씀하신 '필사즉생 필생즉사必死則生 必生則死'의 각오로 싸운다는 말과도 유사해. 즉 '죽을 각오로 싸우면 살 것이요, 살고자 하는 자는 죽을 것'이라는 뜻인데, 한자 조합이 쉬워서 여러 가지 버전이 있지만 이순신 장군이 쓴 『난중일기』에는 이런 순서로 표현되어 있으니 헷갈리지 마.

참고로 마지노선이라는 게 있는데, 반드시 지켜야 하며 넘어서는 안되는 선을 말해. '한국전쟁 당시 낙동강 방어선은 대한민국의 마지노선이었다'라는 문장에서도 알 수 있듯이, 그것마저 뚫리면 더 이상 방어할 방법이 없는 지점이나 상황을 의미하지.

마지노선은 제1차 세계대전 후 프랑스가 독일군을 막기 위해 국경을 따라 10년도 넘게 건설한 대규모의 요새선要塞線인데, 당시 프랑스 육군 장관인 마지노의 이름을 딴 거래. 이 마지노선은 당시로선 최첨단 기술로 완벽한 방어 시설을 갖춰 난공불락으로 평가받았다지. 하지만 1940년 5월 독일 기갑부대가 벨기에를 통해 기습적인 우회 공격을 해 왔을 때, 마지노선은 힘 한번 써 보지 못했으니 그걸 믿고 있던 프랑스 사람들은 참 허탈했을 거야.

마지노선은 뚫려서는 안 되는 최종 방어선 그 자체를 말하는 반면, 배수진을 쳤다고 할 때는 죽을힘을 다해 싸울 누군가의 각오를 표현하는 것이라는 점에서 차이가 있어.

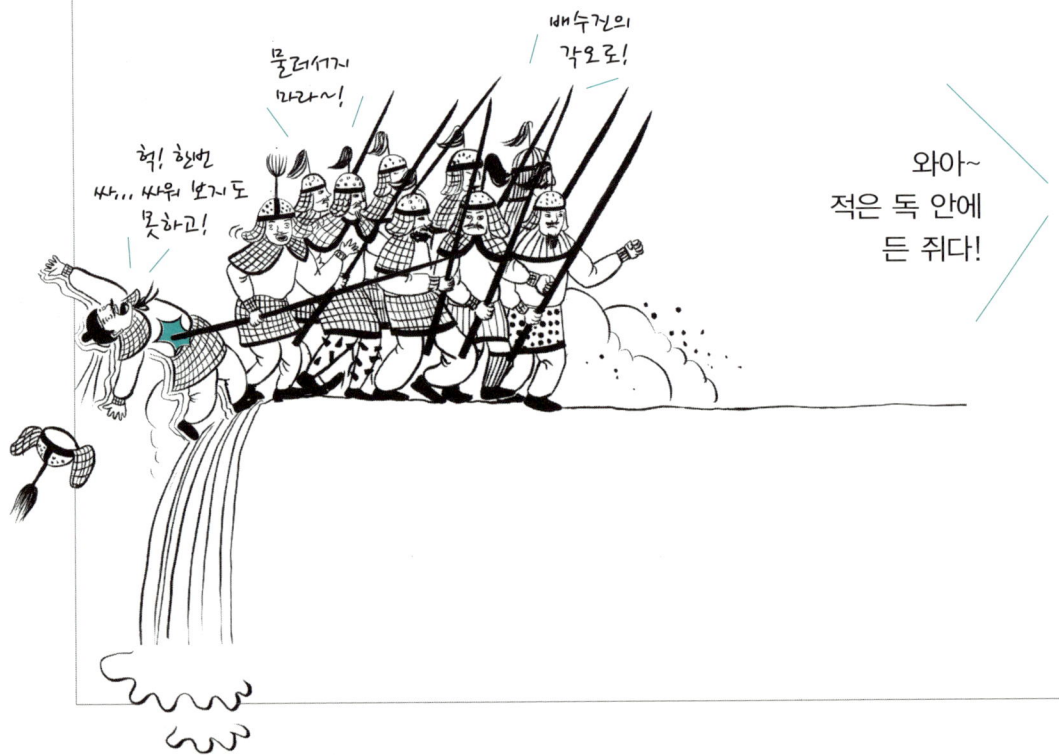

다문화가정

민족의식

톨레랑스

근본주의

문명의 충돌

아시아적 가치

다문화가정

한국 사회에도 다문화가정이 점차 늘어나고 있다.
전문가들, 10년 뒤엔 농촌 미성년자의 절반이 다문화가정의 자녀가 될 것이라고 전망.

다문화가정은 우리와 다른 민족이나 다른 문화적 배경을 가진 사람들이
포함된 가정을 지칭하는 용어야. 즉 외국인 가족이 우리 국민으로 귀화
했거나 혹은 외국인이 우리나라 사람과 결혼하여 가정을 이루게 된 경
우를 말하지. '국제결혼가정', '혼혈아' 등의 단어가 가진 차별적이고 부
정적인 이미지를 없애기 위해 2003년 건강시민연대라는 시민단체가 제
안해서 현재까지 사용하고 있어.

우리나라의 다문화가정은 시대에 따라 변해 왔어. 한국전쟁 직후 못
살던 시대에는 주한미군과 한국인 여성이 결혼하는 경우가 많았던 것에

비해, 법무부 통계에 따르면 요즘엔 신규 귀화자 대부분이 결혼 이민자이고 그 대부분이 한국 남성에 시집오는 외국 여성들이야. 국가간 경제력 차이가 이런 변화를 가져왔을 거야.

다문화가정이 늘면서 그에 대한 인식도 조금씩이나마 바뀌고 있어.

예전에는 다문화가정 자녀들을 피부색과 생김새가 다르다며 혼혈아로 비하하거나 군 복무도 못하게 했는데 이제는 인순이, 다니엘 헤니 같은 스타 연예인들도 당당히 활동하고 있지. 하지만 여전히 인종차별이 존재하는 것도 사실이야. 특히 백인보다 유색인종 사이에서 출생한 자녀들이 사회적으로 더 큰 차별을 받고 있는데, 이는 외모지상주의와 사대주의 탓이라는 비판을 받아도 싸다고 봐.

어떤 이들은 다문화가정이 늘어나면서 단일민족으로서의 한민족 개념이 흔들리고 있다고 우려하지. 그런데 사실 한민족이란 문화와 언어적 측면에서 구별될 수 있을 뿐이지 인종적으로는 큰 의미가 있다고 보기 어려워.

역사적으로 우리 조상들은 중국, 일본의 외침을 자주 겪었어. 게다가 옛날 가야 김수로왕의 왕비 허황옥도 아유타국이라는 먼 나라 사람으로 김해 김씨와 김해 허씨의 조상이 되었고, 고려시대에는 인구의 10퍼센트가 외국인이었다는 말도 있고, '쌍화점'이란 고려가요에 아랍 사람을 가리키는 '휘휘아비'라는 명칭이 나오는 점을 감안할 때, 반만년 역사를 거치면서 인종적으로 순수한 한민족이 과연 얼마나 될까?

미국이나 유럽인들이 동양인을 인종차별하는 것에 대해서는 분개하면서, 우리와 같은 국민인 다문화가정에 대해서조차 열린 마음을 갖지 못한다는 건 잘못된 '민족의식'이라고 할 수 있을 거야.

민족의식 民族意識

일본 극우파들은 비뚤어진 민족의식을 가진 사람들이다.
일제강점기 독립운동가들은 우리 백성들의 민족의식을 일깨우고자 노력했다.

'민족의 생존이나 독립이나 발전을 꾀하려는 집단적인 의지 및 감정.'
이것이 민족의식의 사전적 정의야. 학교 교재에서는 이렇게 정의하기도
하지. '민족 구성원 개개인이 민족의 일원임을 자각하고 민족과 운명을
함께하려는 의식.' 앞의 것은 민족 전체적인 관점에서 설명한 것이고, 뒤
의 것은 구성원 개개인을 기준으로 설명했다는 데 차이가 있어.

역사적으로 각 민족 구성원이 '우리는 같은 민족이고 나는 우리 민족
의 구성원이다'라는 깨달음을 갖게 된 것은 근대에 이르러서야. 왜냐하
면 중세시대 내내 유럽 국가들은 가톨릭교회 교황의 통치 아래 있었기
때문에 민족의식이 싹트기 어려웠거든.

그러다 영국과 프랑스에서 시민혁명을 계기로 근대 민족 국가가 처음
나타나고, 이후 유럽이 프랑스 사람인 나폴레옹의 군대에 점령당하면서
유럽 각국에 민족의식이 자리 잡기 시작했어. '우리는 프랑스 사람이 아니
라 독일 민족, 이탈리아 민족'이라는 의식이 싹텄던 거지.

그 점을 깨달은 우리 민족의 지도자들도 일본 등 외세의 침략에 저항
하는 차원에서 백성들의 민족의식을 일깨웠지. 우리의 민족의식은 단군
을 선조로 하는 단일민족 개념을 기반으로 하고 있다는 점에서 유럽 국
가들과는 좀 차이가 있어.

단일민족이란 다른 민족의 피가 섞이지 않은 단일 혈통 민족이라는

의미로, 이 말이 언제부터 누구에 의해 처음 사용되기 시작했는지는 알 수 없어. 다만 일제강점기부터 본격적으로 쓰였고 해방 이후에는 우리 민족의 특징을 드러내는 말로 널리 퍼지게 되었다는 것만 알려져 있지.

민족의식은 좋은 걸까, 나쁜 걸까?

여기에도 순기능과 역기능이 있어. 우리나라의 경우를 예로 들어 볼게.

민족의식의 순기능이라면 일제 등 외세의 침략에 맞서 우리 자신을 지켜 내는 데 도움이 되었다는 점, 그리고 한반도의 평화 통일을 꿈꿀 수 있는 원동력이 되고 있다는 점, 나라와 민족을 위해 개개인의 이익을 양보하는 희생정신의 바탕이 된다는 점 등을 꼽을 수 있지. IMF 외환위기 시절 전 국민이 자발적으로 참여했던 '금 모으기 운동'도 우리나라 특유의 단일민족 의식이 있었기에 가능했을 거야.

하지만 민족의식이 가지는 역기능도 만만치 않아. 가장 큰 문제는 자칫하면 외국인에 대한 인종차별로 이어질 수 있다는 점이지.

원래 민족의식이란 같은 민족끼리 모여 있을 때는 잘 드러나지 않아. 다른 민족 문화와 접촉하거나 다른 민족과 대립, 특히 전쟁 같은 위협이 제기될 때에야 비로소 표출되지. 그런 상황에서 자기네 민족에 대한 자긍심이나 애국심이 생기는 건 어찌 보면 당연해. 그러나 폭력적인 방법으로 표현하는 건 잘못된 거야.

독일이나 러시아도 네오나치즘(신나치주의)을 추종하는 민족주의자들이 있다. '스킨헤드'라고 해서 머리를 박박 깎은 극우파 청년들이 한국인 등 아시아인들을 상대로 살인 등 끔찍한 테러를 일삼음. 이 역시 잘못된 민족주의 때문이라고 할 수 있음.

우리나라도 예전과 달리 외국 출신자들이 급속도로 늘어나고 있기 때문에, 조만간 단일민족 의식에 대해 지금까지와는 전혀 다른 시각에서 그 의미와 필요성을 따져 봐야 할 시기가 올 거야. 그러므로 우리보다 먼저 다문화 사회를 경험한 나라들을 참고할 필요가 있는데, 예를 들어 프랑스 특유의 '톨레랑스'를 살펴보면 도움이 될 거야.

톨레랑스 tolérance

사회적 약자에게는 톨레랑스를 베풀어야 한다.
사르코지 정부 이후의 프랑스, 톨레랑스를 잃어버리다.

프랑스어 톨레랑스는 '관용'이라는 뜻으로 라틴어 'tolerare^{견디다}'에서 유래한 단어야. 내가 동의하지 않는 타인의 의견이나 생각을 바꾸려 하지 않고 그대로 존중해 주는 것을 말하지. 톨레랑스는 능동성과 의도성을 강하게 띤다는 점에서, 타인에 대한 무관심이나 포기와는 전혀 달라.

16세기 유럽에서 벌어진 구교^{가톨릭}와 신교^{개신교} 간의 격렬한 싸움은 수많은 사상자를 유발했어. 사태 수습을 위해 유럽의 지식인들은 서로의 차이를 받아들이려는 논의를 시작했지. 이것이 톨레랑스의 탄생 배경이야. 그래서 처음에는 종교적 차이를 이유로 정치적 탄압을 하지 않는다는 의미로 사용되다가, 점차 개개인의 생각과 삶의 차이를 인정하고 각각의 선택을 존중해 주는 정신이라는 넓은 의미로 쓰이게 된 거야. 나와 생각이 '다르다'고 해서 그것이 '틀리다'고 할 수는 없다, 그러니 너와 나의 '다름'을 인정하고 받아들이며 각자의 '다름'을 유지한 채 함께 살아가자는 정신으로 확대된 거지.

그래서 톨레랑스가 중시되는 사회에선 강요나 강제 대신 상대방을 설득하기 위해 자유로운 토론 문화가 발달하게 되는데, 프랑스 학생들이 토론 수업을 중시하는 것도 그 때문이라고 해.

여기서 한 가지 질문! 다른 사람의 생각을 인정해 주지 않고 힘으로 눌러 자신의 생각을 강요하는 사람이 있다면, 그 사람에게도 톨레랑스를 베풀어야 할까? 앵톨레랑스, 즉 불관용을 관용할 수 있느냐는 거야. 불관용을 관용하면 곧 불관용이 생기고, 불관용을 관용하지 않아도 곧 불관용이 생기므로 어차피 모든 사람에 대해 관용할 수는 없지 않느냐는 논리야.

이 문제에 대해서는 볼테르의 말로 답할 수 있어. 볼테르는 르리시라는 수도원장에게 편지를 보내 그의 주장에는 반대하지만 그가 계속 말할 권리를 누릴 수 있도록 죽을 때까지 싸우겠다고 했대.

이 일화는 후세 사람이 지어냈다는 얘기도 있는데, 그게 사실이건 아니건 의미하는 메시지는 분명하지. 'A란 사람의 주장이 마음에 안 든다고 해서 A의 생각을 참아 주지(관용) 않고 강제로 입을 틀어막는(불관용) B란 사람이 있다면, 참지 말고 B와 싸워서(불관용), 나와 다른 생각을 하는 A가 계속 말할 수 있도록(관용) 해야 한다'는 뜻이야. 즉, 표현의 자유 자체를 위협하는 권력에 대해서는 참지 말고 맞서 싸워야 한다는 거지.

우리나라 지식인들도 프랑스의 톨레랑스를 배우자는 말을 참 많이 해 왔어. 헝가리계 이민자 출신인 사르코지 대통령이 현직에 있으면서 이혼하고 패션모델과 재혼하는 것이 용인될 정도로 프랑스는 너와 나의 다름이 인정되는 사회거든.

그런데 아이러니한 것은 점차 프랑스가 앵톨레랑스의 태도를 보이고 있다는 거야. 프랑스는 사르코지 대통령 취임 이후 전국에 퍼져 있는 집시들

을 강제 추방해서 국제적 비난을 샀어. 또 프랑스로 이민 온 이슬람교 신자들이 전통 의상인 '부르카'를 입지 못하도록 하는 법률을 만들려고 하고 있어.

놀라운 건 이런 배타적인 정책이 프랑스 국민 70퍼센트의 지지를 받고 있다는 점이야. 톨레랑스의 고향인 프랑스에서 톨레랑스는 점차 우파 민족주의에 의해 무너져 가고 있지.

반면 우리나라는 세계 종교학자들에게는 연구 대상이라고 해.

개신교, 가톨릭, 불교, 유교 등 세계 주요 종교가 고르게 분포하고 있으면서도 어떻게 물리적 충돌이 거의 없이 평화롭게 지내고 있느냐는 거지. 물론 인터넷 댓글만 보면 다른 종교에 대해 적대적인 사람들이 많지만, 현실에서 종교인들끼리 집단적으로 다투거나 특정 종교를 정치적으로 탄압하는 일이 없다는 점에서는 오히려 우리나라가 프랑스보다 더 톨레랑스를 실천하고 있는 셈 아닐까?

다른 나라에서는 각 종교를 극단적으로 믿는 사람들이 주축이 되어 다른 종교에 대해 극심한 탄압을 가하는 경우도 많은데, 이들을 '근본주의자'라고 해.

근본주의 根本主義, fundamentalism

어느 종교나 과격한 근본주의를 따르는 사람들은 매우 극단적이다.
알카에다는 이슬람 근본주의 테러 조직이다.

종교적 측면에서 톨레랑스에 반대되는 말을 꼽으라면 근본주의(원리주의)를 들 수 있어.

근본주의란 각 종교별 교리에 충실하려는 운동인데, 각 종교별 경전에 적혀 있는 내용을 문자 그대로 지키자는 거야. 예를 들어 기독교에서는 성경을 문자 그대로 믿고 그 가르침을 지키자는 것이고, 이슬람교에서는 꾸란을 있는 그대로 따르고 지키자는 식이지.

근본주의는 1850년대 미국 기독교계에서 처음 등장했어. 당시 유럽 기독교계에서 유행하던 세속적인 풍조를 거부하고 초창기 교회의 순수함을 되찾자는 취지로 시작된 운동이었지. 이런 정신은 미국이 파송한 선교사들을 통해 널리 전파되었어.

1900년대 중반에는 이슬람교에서도 근본주의가 급속히 힘을 얻었는데, 그 이유는 미국과 소련의 냉전시대에 미국중앙정보부^{CIA}가 중동과 중앙아시아의 이슬람 신자들을 부추겨 무신론을 표방하는 소련 제국에 항거하도록 했기 때문이래. 이슬람교 근본주의자들은 신앙의 순수성을 지키고, 종교와 정치가 하나인 신정국가를 세우기 위해 소련에 맞서 이른바 '지하드', 즉 성전^{聖戰}을 시작했고 '무자헤딘'이라는 이슬람 전사들을 양성해서 '탈레반'이라는 근본주의 세력을 토대로 아프가니스탄 독립을 이뤘지.

문제는 전쟁이 끝난 다음부터 시작됐어. 이슬람교 근본주의자들의 기준으로 볼 때 서구식 자본주의를 받아들인 중동 각국 정부는 타락한 존재들이니 제거해야 할 대상이었지. 그래서 무자헤딘들이 중동 각국에 스며들어 반체제 운동에 돌입했고 빠르게 힘을 키워 갔어.

이슬람 근본주의자들은 '신정국가 수립을 위해 희생은 불가피하다', '대화와 타협을 하면 신앙의 순수성을 잃어버리게 된다'고 여기기 때문에 자살폭탄 테러 같은 폭력적인 수단을 거리낌 없이 사용하고 있어. 대표적인 예가 바로 9.11 테러야. 오사마 빈 라덴의 지시를 받은 테러리스트들이 뉴욕의 쌍둥이 빌딩에 비행기를 충돌시켜 수많은 인명을 살상하고 전 세계인을 충격에 빠뜨렸지.

미국은 보복 차원에서 아프가니스탄 전쟁을 일으켜 이슬람 근본주의자들을 공격했는데, 당시 미국은 기독교 근본주의를 표방하는 부시 대통령이 집권하던 시절이었기 때문에 기독교 근본주의와 이슬람 근본주의가 전쟁을 벌인 모양이 되어 버렸어.

1990년대 들어서는 인도를 중심으로 한 힌두교 근본주의도 점차 세를 얻고 있어. 다신론을 바탕으로 하는 힌두교와 유일신론을 바탕으로 하는 이슬람교 간에 일어난 대규모 유혈 충돌로 인도에서만 1천 명 이상이 목숨을 잃기도 했어. 불교에서도 근본주의가 고개를 들고 있는데, 2000년대 들어 불교 국가인 스리랑카 정부와 기독교 반군의 전쟁으로 100만 명의 이재민이 발생했지.

이런 걸 보면 그래도 우리나라는 여러 종교인들이 비교적 사이좋게 지내고 있다는 것을 알 수 있지? 미국과 소련의 냉전이 끝나면서 이데올로기 다툼에 눌려 있던 종교적 갈등이 점차 더 심해지고 있는데, 이런 현상을 어떤 이들은 '문명의 충돌'이라고 부르고 있어.

문명의 충돌 The Clash of Civilizations and the Remaking of World Order

냉전이 끝나고 이제는 문명의 충돌 시대가 다가오는 것 아닌가 하는 우려가 있다. 문명의 충돌이 아닌 문명의 융합으로 평화를 이뤄 나가야 할 때다.

세계 4대 문명이 강을 중심으로 발전했다는 건 다들 알고 있을 거야. 세계 4대 문명은 중국의 황허문명, 인도의 인더스문명, 이집트의 나일문명, 중동 지방의 메소포타미아문명을 말해.

문명이란 인류가 이룩한 문화적·기술적·사회적인 발전 양태를 말해. 그래서 위의 문명들은 각각 나름의 독특한 정신세계와 문화적 차이를 보이고 있어.

이들 문명끼리 서로 접촉하면 어떻게 될까? 역사적으로 이들 문명은 서로 교류하기도 하고 충돌하기도 했는데, 그 과정에서 서로의 장점을 받아들여 더욱 발전하기도 했고 아예 사라져 버리기도 했어.

미국의 정치학자 새뮤얼 헌팅턴은 『문명의 충돌』에서 미국과 소련의 이념 전쟁이 끝나면 국제 질서는 9개의 문명으로 나뉘어 서로 충돌할 것인데, 주로 문화와 종교적 차이로 인해 싸우게 될 거라고 주장했어.

그가 이 책을 쓴 목적은 원래 프랜시스 후쿠야마라는 학자가 쓴 저서 『역사의 종말』을 반박하기 위해서였다고 해. 후쿠야마는 소련과 동유럽 공산국가들이 무너지고 자유민주주의가 승리했으니 드디어 인류의 역사적 발전은 완결되었고 이제 평화의 시대가 올 거라고 주장했는데, 헌팅턴은 도리어 세계 각국이 여러 문명으로 나뉘어 새로운 싸움을 시작할 거라고 본 거지.

실제 그의 말대로 이슬람 근본주의자들이 미국에서 9.11테러를 일으켰고, 미국·유럽 등 서구 기독교 문명과 이슬람 문명이 아프간 전쟁이나 이라크 전쟁을 통해 충돌하는 모습을 보였기 때문에 그와 그의 책은 국제적인 명성을 얻게 되었지.

하지만 헌팅턴의 주장에 대해서는 몇 가지 비판이 제기되고 있어.

헌팅턴이 나눈 9개 문명
중화문명, 일본문명, 힌두문명, 이슬람문명, 정교문명, 불교문명, 서구문명, 라틴아메리카문명, 아프리카문명.

우선 저자가 서구 사회의 일원이다 보니 아무래도 『문명의 충돌』 자체가 기독교계를 옹호하고 이슬람권에 대해 부정적인 평가를 하고 있다는 거야. 그리고 인간의 의지와 무관하게 문명 자체가 살아 있는 생명처럼 존재할 수 있느냐는 의문도 있고, 아프간 전쟁이나 이라크 전쟁은 실상 미국이 석유 자원을 차지하기 위해 일으킨 것인데 마치 문명 간 충돌인 양 포장하지 말라는 비판도 있지. 또 세계 각지에서 일어나는 종교 간 분쟁은 문명 간 충돌보다는 국가와 민족과 부족 간에 감정적인 충돌이 발생한 것에 불과하다는 비판도 나오고 있어.

그리고 반만년 역사를 자랑하는 우리나라 입장에서는 굉장히 기분 나쁜 일인데, 헌팅턴은 우리나라를 중국문명에 포함시켰어. 일본은 독자 문명이고. 안타깝지만 우리나라가 아직 중국과 일본에 비해 덜 알려져 있기 때문일 거야.

동아시아 국가들 대부분이 유교 문화권 내지는 중국 문화권으로 분류되고 있어서 우리나라의 경제 성장에 대해서 독립적으로 연구하기보다는 '아시아적 가치'라는 표현으로 뭉뚱그려 설명하려 드는 것이 서구 학자들의 생각이지.

아시아적 가치 Asian value

아시아적 가치가 르네상스 시대를 열다.
아시아적 가치라는 말은 서구식 민주주의를 거부하는 데 악용되어 왔다.

아시아적 가치는 1970년대 들어 새롭게 나타난 용어야. 50~60년대 일본의 급속한 경제 발전에 뒤이어 70~80년대 급속히 발전한 아시아의 네 마리 용龍, 즉 한국, 홍콩, 타이완, 싱가포르의 성공을 설명하기 위해 서구 학자들과 언론들이 만들어 낸 개념이야.

아시아 국가들의 급속한 경제성장은 권위주의적이며 인치人治에 바탕을 둔 아시아의 유교적 전통 덕분이라는 거지.

이 주장은 1990년대 중반까지도 세계적으로 상당히 주목받았어. 그러나 1997년 동아시아 금융위기가 발생하고 한국 등 아시아 국가들이 국제통화기금IMF의 구제금융을 받게 되면서 갑자기 분위기가 180도 바뀌었지. 서구 학자들은 아시아적 가치 때문에 동아시아 금융위기가 발생한 것이라고 하면서, 유교적 전통이 관료주의와 재벌을 만들어 냈고 정치권과 재벌의 유착을 불러와 경제 전반적으로 투명성을 잃게 만들었다고 비판하기 시작했어.

그런데 완전히 망한 줄 알았던 동아시아 경제가 한국을 중심으로 1~2년 만에 다시 살아나기 시작했지. 특히 범국민적으로 벌였던 '금 모으기 운동'은 굉장히 인상적인 사례로 세계 각국에 크게 보도됐어. 그리고 미국발 금융위기로 인해 중국 경제가 상대적으로 돋보이면서 아시아적 가치는 다시 관심을 끌고 있어.

하지만 이 용어에 대해 비판하는 사람들도 여전히 많아.

우선 유교적 전통이란, 아시아 중에서도 특히 동아시아에만 국한된다는 점이야. 그리고 서양의 시각에서 아시아적 가치를 논할 때는 우리나라를 중국 문화권의 일부로 본다는 뜻인데 홍콩, 타이완, 싱가포르야 중국계니 그렇다 쳐도 우리나라가 거기 포함되는 것은 억울한 일 아니겠어?

그리고 아시아적 가치라는 말은 경제학적 측면과 정치학적 측면에서 평가가 완전히 갈린다는 점을 알아야 해. 경제적으로야 비교적 좋은 의미로 쓰일 수 있다고 해도 정치적·사회적 관점에서는 얘기가 다르거든.

70~80년대는 싱가포르의 리콴유, 타이완의 장제스, 말레이시아의 마하티르, 우리나라의 박정희 대통령 등 권위주의 정권이 통치하던 시대

였고, 서양인들의 눈에는 이것이 그저 민주주의 형식을 띤 독재국가에 불과해 보였단 말이지.

그런데 아프리카나 중남미에서는 그런 나라들이 못사는데 아시아 국가들은 경제 발전을 하더란 말이야. 서구인들의 시각에서는 민주국가라야 자본주의도 잘된다고 생각했는데 그게 아니더라는 뜻에서 아시아적 가치라는 말을 만들어 낸 거야. 그러니 이 말 속에는 경제 발전 수준과는 무관하게 정치·사회가 후진적이라서 희한하다는 뉘앙스가 담겨 있는 거지.

이와 관련해서 싱가포르 리콴유와 우리나라 김대중 전 대통령의 국제적인 논쟁이 유명하지. 리콴유는 문화는 숙명이기 때문에 서양식 민주주의와 인권은 문화가 다른 동아시아에서는 적용될 수 없다고 주장했지. 그러자 김대중 대통령이 반론을 제기했어. 아시아 각국에 민주화가 잘 안 된 것은 독재자들 때문이지 문화 때문이 아니다, 리콴유가 아시아적 가치를 내세우는 것은 독재를 정당화하려는 시도에 불과하다는 게 요지였어.

과연 누구 말이 맞는 걸까? 우리나라는 지난 1997년 아시아 최초로 평화적인 정권 교체를 통해 명실상부한 민주국가로 자리매김했어. 일본이 2009년에야 겨우 정권 교체를 이룬 걸 감안하면 대단한 성과야.

반면 싱가포르의 경우 리콴유의 아들 리셴룽이 대를 이어 총리를 하고 있고, 리콴유 역시 90세에 가까운 나이에도 여전히 정치계에서 활동하고 있어. 싱가포르에서 야당은 거의 유명무실한 데다 수시로 인권 탄압이 가해지기 때문에 정상적인 민주국가로

태평양전쟁에서 패한 뒤 일본도 민주국가의 형태를 띠기는 했지만 지난 55년간 자민당이라는 보수정당이 권력을 독점하고 있었기 때문에 실질적인 민주국가로 보기는 어려웠음. 2009년에 처음으로 민주당이 다수당이 되면서 일본 역사상 최초의 정권 교체가 이뤄짐.

보기 어렵지.

　하지만 우리나라와 싱가포르 모두 정치 체제가 안정되어 있다는 점이나 경제적으로 거의 선진국에 가까울 만큼 끊임없이 발전하고 있다는 점에서는 큰 차이가 없어. 아시아적 가치에 관한 논쟁은 아직 끝나지 않았다고 할 수 있지.

9

판자촌과 달동네

옴니버스

도시재개발

금단의 열매

금단의 상처

늘품받기

제3의 길

철새 정치인

집단 이기주의

지역감정

옴니버스 omnibus

가난하고 소외된 이웃의 삶을 주제로 한 옴니버스 뮤지컬, 다음 달 예술의 전당에서 공연.
상대적으로 적은 예산을 가지고 만들 수 있다는 것이 옴니버스 영화의 장점이다.

옴니버스가 버스 이름일까, 아닐까? 정답은 '그렇다'야.

'만인을 위한'이란 뜻을 가진 라틴어 옴니버스는 1827년에 프랑스의
보드리란 사람이 온천에 갈 손님을 모으기 위해 사용한 합승 마차의 이
름이었어. 그것이 나중에 자동차가 나오면서 합승 버스를 가리키는 말
로 바뀌었지.

요즘은 주로 영화나 연극, 음반 등에서 독립된 이야기나 요소들을 동
일한 주제 아래 하나의 작품으로 만든 것을 가리키는 말로 쓰여.

보통 영화에는 주인공이 여러 명인 경우도 있고 각 주인공마다 다른

일들을 겪기도 하지만, 그것만으로 옴니버스 영화라고 할 수는 없어. 예를 들어 영화《반지의 제왕》시리즈에서 아라곤, 간달프, 프로도 같은 주인공들은 영화 중반부터 헤어져 각각 다른 모험을 하게 되지만, 결국 절대반지를 파괴하여 악의 화신 사우론을 막아 내는 하나의 이야기라는 점에서 옴니버스가 아니야.

예술에 있어서 옴니버스는 각 이야기나 요소가 독립적이어야 하고, 같은 주제 아래에 하나의 작품으로 묶여 있어야 해. 우리의 전통 가면극인 **봉산탈춤**이 여기에 해당하지.

옴니버스 형식과 비슷한 것으로 피카레스크 형식(연작소설)이 있어.

옴니버스는 영화나 연극 쪽 용어이고 피카레스크는 소설 쪽 용어이긴 하지만, 둘 다 여러 다른 이야기를 통해 같은 주제를 이야기한다는 점이 비슷해.

차이점이라면 옴니버스가 각 이야기마다 전혀 다른 주인공의 전혀 다른 이야기를 풀어 놓은 데 반해, 피카레스크는 각 이야기의 주인공이 동일인물이거나 서로 긴밀하게 연관된 사람이고 주로 1인칭 시점에서 전개된다는 거야.

대표적인 피카레스크 소설로는 보카치오의 『데카메론』을 비롯해 양귀자의 『원미동 사람들』, 조세희의 『난장이가 쏘아올린 작은 공』 등이 있지.

『난장이가 쏘아올린 작은 공』은 제목만 보면《반지의 제왕》에 나오는 호빗이나 드워프를 연상할 수도 있겠지만 그런 판타지 영화와는 거리가

멀어. 실제 내용은 우리나라의 산업화 과정에서 벌어진 '판자촌' 철거민
들의 애환을 그린 슬픈 이야기야.

판자촌과 달동네

판자촌은 난방이 잘 안 되기 때문에 한파를 견디기가 쉽지 않다.
C 회사는 달동네에 연탄 2,000장을 배달하는 것으로 연말 행사를 대신했다.

판자촌이나 달동네란 말을 들어 봤니? 아마 정확히 무슨 뜻인지는 잘 모
를 거야.

　판자촌이란 판자로 만들어진 마을이란 뜻인데, 예전에 우리나라가 못
살던 시절에는 널빤지 같은 나무나 얇은 슬레이트 판을 이용해 대충 만
든 허름한 집들이 몰려 있는 동네가 여기저기 있었어. 그런 동네를 비하
해서 판자촌이라고 불렀어.

　한편, 달동네란 달과 가까운 동네를 뜻해. 가난한 사람들이 집값 싼
곳을 찾아 언덕 높은 곳이나 산기슭에 집단적으로 몰려 살게 되면서 나
온 말이지. 이 말은 백기완이라는 사회 운동가가 처음 만들어 사용한 말
인데 학교 못 가는 아이들을 판자촌에 모아 놓고 한글을 가르칠 때 '달
동네 배움터'라고 썼던 데서 시작되었대. 선생은 언어적 재능이 있어서
모꼬지, 동아리, 새내기 같은 말을 만들어 낸 것으로 유명해.

　판자촌과 달동네가 생겨난 배경은 우리나라의 근대화와 밀접한 관련
이 있어. 우리나라 경제는 조선시대 중기까지는 농업 중심이었는데 조선

말기와 일제강점기를 거치면서 상공업 중심으로 바뀌었어. 그러자 농촌 인구가 도시로 점점 몰려 대도시의 인구 밀집 현상이 심해졌지. 그런데 도시에 집과 땅은 한정되어 있잖아. 가진 것 없는 이들은 결국 집값이 싼 지역, 주로 산기슭에 모여들어 관청의 허가 없이 무단으로 집을 짓고 살게 되었지.

판자촌과 달동네들은 생활환경이 열악하다 보니 각종 범죄와 질병에 쉽게 노출되고 도시 미관상으로도 좋지 못했어. 그 때문에 1970년대 이후 우리 경제가 급속히 발전하면서 철거 대상이 되었지만 무허가 주택이라는 이유로 법적인 보상을 제대로 받지 못했어.

지금은 대부분 사라졌지만 그 자리를 쪽방촌이 대신하고 있지. 쪽방이란 사람 한 명이 겨우 누울 만한 공간을 칸막이로 막고 세를 준 방을 말해. 그런 시설이 몰려 있는 곳을 쪽방촌이라고 하고.

옥탑방과 반지하 역시 열악한 주거 공간의 상징으로 남아 있어. 옥탑방은 드라마에도 곧잘 나와 알고들 있을 거야. 주로 빌라나 다세대 주택의 옥상에 만든 간이 주거 공간인데 여름엔 덥고 겨울엔 추워. 반지하는 집을 지을 때 창고 등으로 써야 하는 지하실을 조금 높게 지어 창문을 낸 주거 공간인데, 습기가 많고 흙먼지가 창문으로 날아들기 때문에 옥탑과 마찬가지로 사람이 살기에는 좋지 못해.

사실 이런 주거 형태는 인구의 도시집중과 빈부 격차 때문에 나타나는 것이어서, 나라마다 형태가 좀 다를 뿐 어디서나 발견되고 있어. 영미권에서는 이런 지역을 주로 슬럼이라고 하는데 미국의 흑인 슬럼가인 할렘Harlem 등이 대표적이지. 연구 결과에 따르면 이런 곳은 이혼, 가출, 별거 등 가족 관계가 안정적이지 못하고, 주거가 일정하지 않은 사람이 많으며, 일용근로자 등 저임금자 및 수입이 불안정한 사람이 많다는 특성이 있어.

그래서 '도시재개발'을 통해 판자촌, 달동네, 쪽방촌 등을 반강제적으로 철거하곤 하는데, 그 과정에서 여러 사회문제들이 생겨나고 있어.

도시재개발

도시재개발 붐이 일어나면서 수도권 부동산 가격이 크게 올랐다.
재개발, 재건축 과정에서 돈 문제로 인한 주민 갈등이 극심하다.

재개발이니, 재건축이니 하는 말을 많이 들어 봤을 거야. 재개발은 비교적 넓은 지역에 걸쳐 새로이 주택 단지를 만드는 것이고, 재건축은 건물이나 주택 등을 부수고 다시 짓는 거지. 재건축에 비교되는 말로 리모델링이 있는데, 건물을 완전히 부수고 다시 짓는 게 아니라 건물의 골격을 남겨 둔 뒤 새단장하는 것을 말해.

재개발, 재건축은 왜 하는 걸까? 물론 동네나 집이 낙후되면 살기에 불편하니까 해야겠지만, 진짜 이유는 그것이 돈이 되기 때문이야.

우리나라는 세계적으로 손꼽힐 만큼 경제 발전이 급속도로 진전됐어. 그와 함께 도시집중 현상도 심화됐지. 서울 등 대도시는 인구에 비해 주택이 항상 모자랐거든. 여기에 1980년대 들어 단독주택보다 아파트가 살기 편하다는 인식이 널리 퍼지면서 아파트 건설 붐이 일었지. 하지만 서울 등 대도시에는 이미 크고 작은 주택들이 들어서 있어서 아파트를

건축할 공간이 없었어.

정부는 허름한 주택가, 이른바 달동네와 판자촌 등을 갈아엎어 아파트촌을 만들기 시작했지. 재개발을 한 거야. 다른 곳으로 옮겨야 하는 불편을 감수하는 대가로 기존에 살던 집주인들은 아파트를 얻는 등 보상을 받았어. 게다가 아파트촌이 들어서면 집값이 몇 배로 뛰기까지 했지.

그러자 저층 아파트나 빌라 등을 가지고 있던 사람들도 뜻을 모아 건물을 부수고 고층 아파트를 올리기 시작했어. 같은 면적의 땅에 훨씬 더 많은 집이 생겨나니, 자기들이 들어갈 집을 제외한 나머지 집만 팔아도 아파트 건축비가 남았지. 이게 바로 재건축이야.

문제는 이렇게 재개발, 재건축을 하는 동안 집주인과 땅주인들은 돈을 벌지만 거기 살던 세입자들은 졸지에 삶의 터전을 잃게 된다는 점이야. 일부 철거 대상 지역의 주민들은 생존권 차원에서 현실적인 이주 대책을 세워 달라며 집단 시위를 했고 이것이 사회문제로 대두되었어.

철거민들의 애환을 그린 소설 『난장이가 쏘아올린 작은 공』이 30년이 지난 아직까지도 널리 읽히고 있는 것이나 얼마 전 용산 지역 철거민들이 경찰 진압 과정에서 화재로 죽은 '용산 참사'만 보더라도, 이 문제가 여전히 우리 사회의 숙제라는 것을 알 수 있지.

그런데 최근 들어 이런 뉴타운이니, 재개발, 재건축 사업들 중 상당수가 예전만큼 인기를 끌지 못하고 있어. 이유는 하나, 돈이 안 되기 때문이야. 미국발 금융위기 이후 우리나라 경제가 어려움을 겪으면서 부동산 시장에도 찬

미국발 금융위기

2007년 미국 서브프라임 모기지 부실 사태로부터 시작하여 세계 금융시장을 뒤흔든 사건을 말함. 서브프라임 모기지란 쉽게 말해 집값의 80~90퍼센트까지 대출해 주는 위험성 높은 주택 담보 대출 상품. 실업자들이 늘고 대출금을 갚지 못해 집을 경매로 넘기는 경우가 늘어나면서 결국 금융회사들도 대출금을 떼이고 부실해짐. 이 사건으로 미국 경제 전체가 어려워졌고, 세계 경제에서 큰 비중을 차지하는 미국 경제가 어려워지다 보니 다른 나라들도 연쇄적으로 위기를 맞게 됨. 아직도 금융위기는 끝나지 않은 상태.

바람이 불고 있거든.

　이런 현상에 대해 일시적인 부동산 경기 침체라는 해석도 있고, 도미노 효과 때문에 앞으로 집값이 폭락할 것이라는 해석도 있어. 결과야 시간이 흐르면 알겠지만 정부 입장에서는 이를 지켜볼 수만은 없겠지. 그래서 부동산 시장에 관련된 각종 규제를 대폭 완화해 인위적으로 부동산 경기를 호전시키려 하고 있는데, 그 점에 대해 우려하는 사람들이 많아.

　억지로 집값을 올렸다가는 자칫 가격이 너무 뛰어 버리거나 약간 오르다가 도리어 더 떨어져 버리는 부작용이 생길 수 있기 때문이지. 가격이 치솟으면 서민들이 집을 구하지 못해 고통을 겪게 되고, 가격이 뚝 떨어지면 집 한 채나마 겨우 가지고 있던 국민들도 재산 손실을 입어 경제가 어려워지거든. 그래서 이런 정책은 '판도라의 상자'를 연 것과 마찬가지라며 비판하는 사람들도 있어.

판도라의 상자 Pandora's box

이번 정책은 판도라 상자를 연 것이 아닌가 하는 우려를 낳고 있다.
판도라의 상자, 과연 어디까지 열리나?

　'판도라'라고 하면 인터넷 동영상 서비스 업체 판도라TV를 떠올리거나 영화 아바타에 나오는 판도라 행성을 떠올리는 사람이 많을 거야.

　판도라는 원래 그리스 신화에 등장하는 인류 최초의 여성이야. 제우스는 불을 훔쳐 인류에게 전해 준 프로메테우스를 괘씸히 여겨 벌한 다음, 이번에는 인간을 벌하기로 마음먹고 최초의 여인 판도라를 만들었어. 여러 신들은 온갖 아름다움과 지혜를 그녀에게 주었어. 판도라는 '모든 선물'이라는 뜻이야.

제우스는 이 여인을 프로메테우스의 동생인 에피메테우스에게 보냈어. 일찍이 프로메테우스가 '제우스의 선물을 받지 말라'고 경고했는데도 에피메테우스는 판도라의 모습에 반해 즉시 아내로 삼았지.

에피메테우스에게 보내기 앞서 제우스는 판도라에게 상자 하나를 선물로 주면서 절대 그 상자를 열어 봐서는 안 된다고 경고했어. 그런데 원래 하지 말라면 더 하고 싶잖아. 판도라는 호기심을 이기지 못하고 상자를 열어 보고 말았어. 그러자 질병, 전쟁, 시기, 슬픔 등 온갖 악⁂이 쏟아져 나와 온 세상으로 퍼져 나갔어. 상심한 판도라에게 상자에 아직 남아 있던 '희망'이 말했어. 자기를 보내 주면 사람들이 고통 속에서도 새 힘을 얻을 수 있을 거라고. 판도라는 희망을 세상에 풀어 놓고 나서야 그나마 위안을 얻었대.

그래서 오늘날 판도라의 상자는 크게 두 가지 의미로 사용돼.

하나는 원문 그대로 세상에는 수많은 고통이 있지만 대신 희망이 있으니 견뎌 낼 수 있다는 뜻이고, 또 하나는 건드려선 안 될 것, 즉 무슨 일이 벌어질지 감당 못 할 일을 저지른다는 뜻으로 사용되고 있지. 요즘은 두 번째 의미로 더 자주 사용되고 있어. '금단의 열매'를 먹는다, 금단의 문을 연다는 표현도 이와 비슷한 뜻으로 자주 쓰이지.

판도라 결말의 또 다른 버전
놀란 판도라는 부랴부랴 뚜껑을 닫는데 상자 안에는 아직 '희망'이 남아 있었음. 그러나 이렇게 되면 희망이 상자 속에 갇혀 제 구실을 하지 못하는 것 아니냐는 의문이 생길 수 있음.

금단의 열매

이 결과는 금단의 열매를 먹은 네가 자초한 것이다.
유전자 치료가 금단의 열매인지 아닌지에 대한 논란이 있다.

금단의 열매란 금과禁果라고도 하는데, 말 그대로 먹는 것이 금지된 열매라는 뜻이야.

성경에 나오는 최초의 여성을 '하와' 또는 '이브'라 부르는 것은 알고 있지?

인류의 조상인 아담과 하와가 에덴동산에서 살던 시절, 하나님은 동산 한가운데 있는 선악과만은 먹지 말라고 했어. 그런데 하와가 뱀의 꼬임에 넘어가 그 열매를 먹고 아담에게도 주어 먹게 했어. 그 결과 인간은 저주를 받고 에덴동산에서 쫓겨났을 뿐 아니라 온갖 고난에 시달리게 되었지. '금단의 열매'란 바로 그 선악과를 말하는 거야.

일찍이 영국의 작가 밀턴도 『실낙원』이라는 서사시를 통해 판도라의 상자 이야기와 하와 이야기의 공통점을 묘사했어. 판도라 이야기나 하와 이야기 모두 인류 최초의 여성이, 금지된 것을 건드리는 바람에, 인류에게 세상 모든 문제가 나타났다는 공통점을 갖고 있다는 거지.

어떻게 보면 여성들이 문제니 좀 가만히 있으라는 의미 같지? 당시 가부장적인 사회 구조를 유지하려면 여성이 가사와 육아에만 전념해야 했을 테니 그걸 정당화하는 논리로 쓰였을 것이라는 해석도 있어.

이처럼 남자는 선한데 여자는 악하다는 식의 이분법적인 논리를 보통 '흑백논리'라고 해.

흑백논리 黑白論理

세상은 흑백논리로만 판단할 수 없을 만큼 복잡하다.
내 편이 아니면 적이라니 그런 흑백논리가 어디 있니?

하얀 것은 종이요, 검은 것은 글씨로다!

공부 안 하고 시험지를 받았을 때 종종 느껴지는 현상이지? 그런데 이런 현상은 시험 볼 때만 있는 게 아닌가 봐. 모든 문제가 검거나 하얗거나 두 가지로만 보이는 사람들이 있어. 바로 흑백논리에 빠진 사람들이야.

흑백논리란 어떤 문제를 검은색 아니면 흰색으로만 구분하고 중간 지대나 제3의 색을 인정하지 않는 편중된 사고방식을 말해. 뭐든지 둘로 나눠 둘 중 하나로만 본다는 점에서 이분법 또는 이분법적 논리, 이분법적 사고방식이라고도 하지.

흑백논리에 따르면 모든 일은 딱 두 가지로 나뉘지. 선이냐 악이냐, 아군이냐 적군이냐, 옳으냐 틀리냐. 그런데 세상 일이 꼭 두 가지로 명확하게 나뉘는 건 아니잖아? 네 편은 아니지만 내 편도 아니고, 부자는 아닌데 거지도 아니고, 잘생긴 건 아닌데 못생겼다고 하기도 곤란한 중간층이 분명히 있어. 그래서 흑백논리만 따르려 하면 잘못 생각하거나 실수할 가능성이 커. 흑백논리라는 말이 부정적인 뉘앙스를 띠는 것도 이 때문이야.

흑백논리의 오류를 논할 때 함께 살펴볼 개념으로 양시론, 양비론이란 말이 있어. 양시론이란 둘 다 옳다는 논리인데 조선시대 황희 정승이

자연스레 떠오르지.

두 계집종이 다투자 한 명씩 만나 얘기를 들어 보고는 각각 "네 얘기가 옳다"고 말했다지. 이에 부인이 "왜 시비를 가려 주지 않느냐"고 묻자 황희는 "당신 얘기도 옳소!"라고 했다는 거야.

반대로 양비론은 둘 다 틀렸다는 논리인데, 학교에서 싸움이 벌어졌을 때 선생님이 두 학생 다 꾸중하는 걸 생각하면 이해가 빠를 거야.

대개 다툼은 양측 모두의 잘못인 경우가 많아. 양시론이나 양비론이 무조건 나쁘다고만은 할 수 없어. 하지만 어느 편도 들지 않는다는 점에서 둘 다 무책임하다는 비판을 면하긴 어려워.

그래서 기존의 방법들이 다 잘못되었다고 할 때는 문제 해결을 위한 새로운 방법, 이른바 '제3의 길'을 제시해야 무책임하다는 소리를 면할 수 있어.

제3의 길
네 편도 내 편도 아닌 제3의 길을 찾는 노력이 필요한 때다.
한국 경제에 제3의 길은 가능한가?

'제3의 길'은 영국의 사회학자인 앤서니 기든스Anthony Giddens의 책 이름이야.

제2차 세계대전 이후 세계 정치를 주도해 온 전통적 사회민주주의와 신자유주의에서 벗어나, 제3의 길이라고 불리는 새로운 사회를 만들어 보자는 게 그 책의 핵심 내용이야.

그러면 자본주의와 공산주의 대신 제3의 길을 찾자는 거냐고 많이들 오해했지만 결코 그런 뜻은 아니야. 북유럽식의 복지국가로 갈 것이냐, 미국식의 자유방임주의로 갈 것이냐만 고민하지 말고 색다른 자본주의 국가를 모색해 보자는 주장이니만큼, 제3의 길도 큰 틀에서는 자본주의에 포함되는 거야.

제1의 길
제2차 세계대전 이후 1945년부터 1975년까지를 주도해 온 사회민주주의 시대.
제2의 길
1975년부터 1995년까지 신자유주의가 유행하던 시대.

고전적 사회민주주의는 북유럽식의 복지국가를 추구해. 국가가 공익을 위해 시장과 사회에 적극적으로 개입하자는 거야. 실업자들에게도 직장인 못지않은 실업 급여를 주고, 아이들 교육비도 나라에서 다 책임지는 식으로. 하지만 국가 주도로 경제와 복지를 챙기다 보니 국가 경쟁력이 약해진다는 점이 문제야.

이에 비해 신자유주의는 미국식의 자유방임 국가를 추구해. 국가의 역할을 최소한으로 제한하고 시장과 시민사회를 최대한 풀어 주면 사회 질서가 알아서 유지된다고 보는 이론이야. 신자유주의의 문제는 빈부 격차가 심해지고 사회 갈등이 늘어난다는 데 있어.

기든스가 이 책을 쓸 당시 영국은 북유럽식의 복지국가를 추구하다가 '영국병'이란 말이 나올 만큼 사회 전체가 무기력해졌고, 대처 총리 주도 아래 미국식의 자유방임주의로 개혁했더니 실업률이 높아지고 빈부 격차가 심해져 사회가 불안해졌지.

결국 제1의 길, 제2의 길이 모두 실패한 위기 상황에서 기든스가 주장한 제3의 길의 핵심은 '사회 투자 국가' 개념이었어. 국가가 경제 발전을 위해 나랏돈을 과감히 투입하되(신자유주의의 맹점 보완), 나랏돈을 가난한 이들에게 직접 나눠 주지 말고 교육하는 데 쓰자는 거야(사회민주주의 맹점 보완). 즉, 사람들에게 물고기를 주지 말고 물고기 잡는 법을 가르쳐 주자는 뜻으로 나라의 인적 자원에 국가 예산을 투자해서 경제를 살리자는 적극적이고 능동적인 국가관이었어.

『제3의 길』은 출간되었을 당시 전 세계적인 열풍을 일으켰지만 비판도 많이 받았어. 제아무리 나랏돈을 많이 투자해서 사람들을 교육하고 능력을 키워 봐야 나라 전체적으로 일자리가 늘어나지 않으면 고학력 실업자만 만들어 낼 뿐이라는 거야. 실제 영국에서 제3의 길 이론대로 막대한 돈을 들여 교육에 투자를 했지만 실제 그것이 경제성장으로 이어졌다는 증거는 없거든.

제3의 길을 주장하는 사람들은 이념적 소신 없이 편리할 대로 왔다 갔다 하니 '철새 정치인'들과 뭐가 다르냐는 비판도 받아야 했어.

철새 정치인

선거 내내 철새 정치인이라는 비판을 들어야 했다.
기회만 보면 왔다 갔다 하니, 박쥐나 철새 정치인과 다를 게 뭐냐?

현대 민주주의 사회는 '정당 정치'라고 해서, 정치 이념이 같은 사람들끼리 정당을 만들고 그 정당을 통해 국민의 의견을 반영하고 있어.

우리나라 국회에는 한나라당, 민주당, 자유선진당, 민주노동당, 진보신당 등이 있고 미국에는 민주당, 공화당 등이 있어. 정치인들은 이 중

철새 살아남기 대책 위원회

한 정당에 소속되어 각종 선거에 출마하고, 국민들은 이들의 사람 됨됨이뿐 아니라 이들이 속한 정당이 어떤 정치 이념을 주장하는지를 기준으로 투표를 하지.

철새 정치인이란 정치적 신념이야 어떻든 자기한테 유리한 쪽을 찾아 정당을 오락가락하는 정치인을 비하하는 말이야.

근데 왜 하필 철새냐고? 철새 기분 나쁘게?

철 따라 먹고살기 편한 지역으로 이리저리 옮겨 다니는 철새처럼, 일부 정치인들도 철따라 정당을 이리저리 옮겨 다니더란 말이야. 정치인들에게 철이란 보통 선거철을 말하지. 선거철을 따라 이리저리 옮긴다?

철을 따라 옮겨? 철새? 이런 순서로 철새 정치인이란 말이 생겨난 거지.

그런데 철새 정치인의 기준이 뭘까? 당을 옮기면 다 철새인 걸까? 그럼 처음에 택한 당이 마음에 들지 않으면 옮길 수 없단 말일까? 헌법은 누구나 지지하는 정당을 바꿀 자유를 보장하고 있는데도?

물론 정치인들은 특정한 정치적 견해를 내세워 정치 분야에서 리더로 활동하는 사람들이기 때문에, 다른 사람들보다 자신이 선택한 정당에 대해 더 큰 책임을 질 필요가 있지. 게다가 유권자인 국민 입장에서는 정치인이 어떤 정당 소속으로 활동하는지도 투표할 때 중요한 판단 기준이 되기 때문에 무분별한 정당 갈아타기는 규제할 필요가 있어.

하지만 정치인도 어디까지나 국민의 한 사람이기 때문에 소속 정당을 바꾸는 것을 완전히 금지하는 것은 헌법에 어긋나. 그래서 철새 정치인이란 말을 쓸 때는 단순히 그 사람이 정당을 옮겼는지만 기준으로 할 것이 아니라, 옮기지 않을 수 없을 만큼 중대하고도 합리적인 이유가 있었는지를 봐야 해. 만약 정당이야 어찌 되었든 당선만 되고 보자는 심정으로 그때그때 유리한 정당으로 갈아탄다면 확실히 철새 정치인으로 볼 수 있겠지. 하지만 분명한 신념 때문에 희생을 감수하고서라도 소속 정당을 옮기는 거라면 철새 정치인이라고 매도할 수만은 없겠지.

나중에 어른이 되어서 투표를 하게 되면 꼭 기억하길 바라. 묻지도 따지지도 않고 정당만 보고 찍게 되면 철새 정치인을 길러 내는 데 한몫하게 될 것이요, 후보자들에 대해 세심하게 살펴보고 투표한다면 우리 정치 수준을 높이는 데 한몫하게 될 거라는 점을.

하지만 실제 선거에서는 교과서와 달리 '묻지도 따지지도 않고' 무조

유권자
투표할 권리가 있는 사람을 칭함. 법적으로 성인이 되면 유권자가 될 수 있음.

건 특정 정당이나 정치인에 투표하는 사람들이 상당히 많아. '집단 이기주의'와 지역감정이 투표의 기준이 되기 때문이야.

집단 이기주의

장애 시설이 들어서는 것을 거부하는 것은 집단 이기주의의 전형이다.
선거철이 되면 학연, 지연을 중심으로 한 집단 이기주의가 기승을 부린다.

집단 이기주의란 사회의 각 이익집단들이 공공의 이익보다는 그들 집단의 이익을 추구하는 것을 말해. 보통 자기 이익만 생각하는 얌체 같은 사람을 이기주의자라고 하지? 집단 이기주의란 이기주의자들이 여러 명 모였다는 뜻이 아니라, 특정 집단 전체가 이기적인 모습을 보일 때 쓰는 말이야.

물론 세상 모든 단체나 조직은 자신들의 이익을 추구하는 것이 당연해. 하지만 그것이 지나쳐 공공의 이익을 침해해서는 곤란하지. 집단 이기주의란 이익 추구가 지나쳐 공공의 이익에 어긋나는 경우를 가리키는 거야.

정부의 의약분업 정책을 앞두고 벌어진 의사와 약사 간의 갈등이나 로스쿨 제도에 따라 변호사가 늘어날 경우 기득권이 줄어들 것을 우려하여 집단적으로 반발했던 변호사들이 그 예가 될 수 있어. 하지만 가장 대표적인 집단 이기주의로는 님비NIMBY 현상을 꼽을 수 있어. 님비란 Not In My Backyard 내 뒷마당에는 안 돼의 약자야. 쓰레기 소각장, 장애인 복지시설같이 나라 전체적으로는 꼭

> **로스쿨 제도**
> 법학전문 대학원이라고도 함. 우수한 인재들이 사법시험 공부에만 매달려 대학 수업은 팽개친 채 수년씩 시간 낭비하는 것을 막고, 법학 교육을 내실화하며 양질의 법률 전문가를 키우기 위해 3년의 법학전문 대학원 과정을 통해 변호사 자격을 얻게 하는 제도.

필요한 시설이지만 집값이 떨어질 우려가 있는 시설이 들어서는 것을 반대하는 사회적인 현상을 말해.

예전에 사스SARS가 유행했을 때 서울시에서 시립동부병원을 전담병원으로 지정했다가, 사스 환자가 몰려들 것을 우려한 주민들이 집단 반발하는 바람에 철회한 사례가 있었지. 일본에서도 1980년대 중반 아오모리현 로카쇼무라라는 마을에 원자력 발전에 필수적인 방사성 폐기물 처리장방폐장을 설치하기로 했는데, 지역 주민들과 시민단체 등이 강력히 반대해서 오랫동안 지지부진하다가 결국 정부가 해당 지역 발전을 위해 수천억 원 규모의 지원을 약속하면서 겨우 사업을 마무리할 수 있었어.

님비의 반대 의미로 핌피PIMFY 현상도 있어. Please In My Front Yard제발 내 앞 마당에의 약자로, 지하철역이나 문화시설처럼 주변 집값을 올리고 생활환경에 도움이 되는 시설이 들어서도록 각 지역별로 앞다투어 유치 활동에 나서는 현상을 말해.

이 외에 '지역감정' 역시 지역을 중심으로 나타나는 집단 이기주의라고 볼 수 있어.

지역감정

이 작은 나라에서 지역감정이 웬 말인가!
망국적인 지역감정, 이제는 없애야 합니다.

특정 지역 출신 사람들이 다른 지역 출신 사람들에게 보이는 집단적인 적대감 또는 집단적 갈등을 지역감정이라고 해. 보통은 같은 나라 안에 있는 지역 간의 갈등을 일컫는데 다민족 국가에선 지역감정이 인종, 민족, 종교를 기준으로 발생하기도 하지.

우리나라에서 지역감정이라고 하면 대표적으로 경상도^{영남}와 전라도^{호남}사람들 사이의 대립과 갈등을 꼽을 수 있어. 왜 그럴까?

그 기원을 백제와 신라의 대립에서 찾는 설도 있기는 해. 하지만 조선시대 문헌을 살펴보면 평안도나 함경도 등 북한 지역에 대한 차별만 강조되고 있을 뿐 오늘날과 같은 형태의 전라도와 경상도 간 갈등은 없으니 그건 신빙성이 떨어지지.

그보다 일제강점기 이후 산업화 과정에서 전라도가 타 지역에 비해 소외되었다는 점, 그리고 1970년대 이후 정치인들이 의도적으로 지역감정을 부추겼던 점이 원인이라는 설이 더 유력하지.

한국전쟁 당시 낙동강 방어선이 형성되면서 경상도 지역은 피해를 덜 입었어. 게다가 1950~60년대의 경제 발전이 주로 미국, 일본과의 항만 무역 형태로 진행되면서 인천항을 중심으로 한 수도권과 부산항을 중심으로 한 경상도가 혜택을 입은 반면 전라도는 그렇지 못했거든. 소외감을 느낀 전라도 사람들은 자연스레 자기들끼리 뭉치기 시작했어. 다른 지역 사람들은 이런 모습을 탐탁지 않게 여겼고.

여기에 정치인들의 부채질이 더해지자 지역감정은 한층 더 강화됐어. 1970년대 군사정권은 선거에서 이기기 위해 지역감정을 이용했지. 군사정권의 수뇌부가 경상도 출신인 점을 이용해서 선거의 쟁점을 '군사독재 vs. 민주화' 대신 '전라도 vs. 비전라도'의 구도로 여론몰이를 한 거야. 이 전략은 실제로 성공했어.

더 안타까운 것은 군사독재에 반대하던 야당 정치인들조차 지역감정을 이용했다는 점이야. '충청도가 핫바지냐'라는 자극적인 구호를 내세워 충청도 제몫 찾기를 시도한 것이나, 경상도에서도 TK^{대구·경북}와 PK^{부산·경남}의 형태로 지역감정을 유발한 것이 대표적이야.

지역감정의 피해는 전라도와 경상도에만 머물지 않았어. 전라도, 경상도, 충청도 사람들이 각각 집단적으로 뭉쳤던 반면, 수도권 사람들은 지역 의식이 옅다 보니 상대적으로 불이익을 받았지.

그나마 다행인 것은 지역감정이 외국에 비해 덜 폭력적이라는 점이야. 영국의 잉글랜드와 북아일랜드, 캐나다의 퀘벡 주^州와 다른 주들 간의 지역감정은 세계적으로 유명하지. 미국도 마찬가지야. 클린턴 전 대통령의 자서전을 보면 미국 남부 지역에 가서 에이브러햄 링컨을 높이는 말을 했다가 지역 주민으로부터 앞으로는 이 지역에서 링컨 얘기를 하지 말라는 충고를 듣는 장면이 나와. 남북전쟁이 끝난 지 200년이 지났는데도 여전히 지역감정이 남아 있다는 얘기지.

이처럼 어느 나라에나 지역감정은 있게 마련이야. 얼마나 지혜롭게 대처해서 부작용을 최소화하느냐가 중요하지. '지역감정은 망국병(나라 망치는 병)'이라는 말이 있는 만큼 우리나라도 다양한 노력을 기울이고 있어. 공공 부문에서 인재를 채용할 때는 출신 지역을 기재하지 않게 되어 있고, 자동차 번호판에서도 지역 명칭을 삭제했지. 포털 사이트 댓글에서도 지역감정을 조장하는 글은 규제할 수 있게 하고 있어.

10

촉매

바이오 연료

동서융화

그리스금융

외환위기

패러다임

행위예술

무위자연

몽타주

리얼리즘(사실주의)

모더니즘과 포스트모더니즘

감각적인 표현

초현실주의와 다다이즘

촉매觸媒

한류 스타들이 한국−일본 간 문화교류의 촉매 역할을 하고 있다.
어색한 모임에서 유머는 분위기를 바꿔 주는 촉매(제)가 될 수 있다.

양호실이나 병원에 가면 투명한 액체에 담겨 있던 솜으로 상처 부위를
닦아 주지? 그 액체가 바로 과산화수소수야.

과산화수소수는 맨살에 바르면 아무렇지도 않지만 상처 부위에 바르
면 흰 거품이 보글보글 일어나지. 어른들은 그게 세균이 죽으면서 소독
이 되느라 그런 거라고 설명하기도 하는데, 정말일까?

과산화수소수는 물과 산소가 합쳐진 거야. 물의 화학기호가 H_2O인
건 다들 알고 있을 테고, 과산화수소수는 거기에 산소가 하나 더 붙어서
화학기호가 H_2O_2야. 그래서 '과산화'라는 이름이 붙은 거야. 산소가 과

도하게 붙어 있다는 뜻이지. 과산화수소를 가만히 놔두면 아주 천천히 물과 산소로 분리돼.

그런데 과산화수소수가 사람이나 동물의 피 속에 있는 '카탈라아제' 라는 효소를 만나면 물과 산소로 분리되는 속도가 아주 빨라져. 상처 부위에 과산화수소수를 발랐을 때 흰 거품이 나는 것은 피 속의 카탈라아제 때문에 산소가 마구 발생하면서 생기는 거고, 그 산소가 세균을 죽이는 역할을 하기 때문에 소독약으로 쓰이는 거야.

여기서 카탈라아제처럼 다른 물질의 화학 반응 속도를 변화시키는 것을 촉매라고 해. 촉매제란 촉매로 쓰이는 약품을 말하지.

과학 교과서에 '감자로 산소 만들기' 실험이 나오는데 이것도 감자 속에 있는 카탈라아제가 과산화수소수를 신속하게 물과 산소로 분리시키면서 흰 거품을 일으키는 걸 알게 하는 실험이야.

수사기관에서는 이런 원리를 응용해서 범죄 현장을 조사하는데, CSI 같은 범죄 수사 드라마에 단골로 등장하는 루미놀 용액이 그중 하나야. 루미놀 용액이 핏자국과 접촉하면 그 안의 과산화수소수가 핏자국 속의 촉매와 만나 산소가 분리되는데, 이 산소가 다시 루미놀이란 물질과 결합하면서 푸르스름한 빛이 나오거든. 그러면 피해자의 핏자국을 쉽게 발견할 수 있지.

콘서트나 야간 행사에 쓰이는 푸른색 야광봉 역시 이런 루미놀의 성질을 이용한 거야. 물론 이때는 피 대신 다른 촉매를 쓰니까 오해하진 말고.

촉매는 이처럼 다른 물질을 변화시키거나 작용을 빠르게 유도하는 역할을 하기 때문에, 촉매(제)란 말은 점차 어떤 일을 유도하거나 변화하게 하는 계기를 비유적으로 이르는 표현이 됐어.

촉매는 셀 수 없이 다양한 산업에서 쓰이고 있는데, 이런 촉매의 성질을 잘 이용하면 우리가 먹는 식용유로 자동차 연료를 만들 수도 있어. 예를 들면 우리가 '바이오 연료'라고 부르는 것들 말이야.

바이오 연료

바이오 연료가 석유를 대체하는 에너지로 인기를 끌고 있다.
기름 값이 오르면서 바이오 디젤 자동차가 점점 더 많이 팔리고 있다.

석유 자원에는 한계가 있기 때문에 수십 년 내로 고갈될지도 모른다는 얘기는 많이 들어 봤을 거야. 인간이 살아가려면 석유나 석탄을 대신할 에너지가 필요하기 때문에 인류는 대체 에너지를 연구하고 있어.

수소에너지, 태양에너지, 해양에너지, 바이오 연료 등 대체 에너지의 장점은 고갈될 염려가 거의 없고 비교적 깨끗하다는 점이야. 이 중에서 자동차 연료로 쓸 수 있는 건 바이오 연료밖에 없어.

바이오 연료란 bio^{생명체}와 연료를 합친 말로, 식물 등 살아 있는 생물체로부터 연료를 추출해 낸다는 뜻이야. 바이오 연료는 다시 바이오 디젤과 바이오 에탄올 두 가지로 나뉘어.

먼저 바이오 디젤이란 콩기름, 폐식용유 등의 식물성 기름을 원료로 해서 만든 무공해 연료를 말해. 알칼리 촉매를 넣고 알코올과 반응시키면 촉매의 화학 작용 때문에 투명한 기름이 나와. 주유소에서 쉽게 볼 수 있는 경유^{디젤}와 성질이 유사해서 디젤 자동차 연료로 바로 쓸 수 있어.

바이오 에탄올은 옥수수, 밀, 감자, 볏짚처럼 녹말^{전분}이 많은 농작물에서 포도당을 추출한 다음 발효시켜 연료를 만드는 거야. 휘발유에 섞어서 쓰면 휘발유만 쓸 때보다 오염 물질 배출이 확 줄어들지.

이들 바이오 연료들은 석유에서 추출한 화석 연료와 달리 환경오염 물질을 거의 배출하지 않아서 인체에 무해하다는 장점이 있어. 그래서 지난 10년간 우리나라를 포함한 각국이 너도나도 바이오 연료 개발에 힘써 왔지.

하지만 환경보호를 위해 바이오 연료를 장려하자 엉뚱한 데서 부작용이 발생했어. 바이오 연료의 원료인 농작물 생산을 위해 삼림을 불태워 밭으로 만들다 보니 삼림이 대량으로 파괴되어 지구의 환경은 더 악화되고 있고, 인류의 식량으로 쓰여야 할 농작물들이 연료로 쓰이면서 세계적으로 곡물 가격이 폭등하고 식량 부족 현상이 심각해지고 있단 말이야.

이처럼 어떤 문제를 해결하기 위해 규제를 가할 때 다른 곳에서 예기치 못한 문제가 발생하는 경우가 종종 있는데 이것을 '풍선효과'라고 해.

풍선효과 風船效果

정부가 물가 잡기에 나섰지만 풍선효과를 일으킬 우려가 있다는 문제가 제기되고 있다.
풍선효과로 D지역 범죄율이 높아졌다.

바람을 넣은 풍선의 한 부분을 꾹 눌러 봐. 그러면 다른 부분이 불룩하게 솟아오르지?

풍선효과란 그처럼 어떤 문제를 해결하고자 조치를 취했을 때 다른 영역에서 새로운 문제가 생겨나는 사회현상을 일컬어.

이 용어는 미국의 범죄학자들이 범죄 현상을 연구하면서 나온 말이야. 범죄가 빈발하는 지역에 경비를 강화했더니 해당 지역만 범죄가 줄어들고 다른 지역, 다른 목표물로 범죄가 옮겨 가더라는 거야. 사회 전체적으로는 별 효과가 없었다는 거지. 이처럼 범죄가 줄지 않고 옮겨 가는 것을 전이효과displacement effect라고도 해.

실제로 마약 문제로 골머리를 앓던 미국 정부가 마약 출처로 지목된 몇몇 중남미 국가에 대해 강력한 단속 작업을 벌이는 과정에서 풍선효과가 논란이 되었지. 그런 식으로 마약을 단속해 봐야 결국 다른 나라로 마약 생산지가 옮겨 갈 뿐 여전히 마약 수입은 계속되는 결과만 초래한다는 거야.

우리나라에서도 풍선효과와 관련된 사회문제가 있었어. 몇 년 전에 대표적인 부자 동네인 서울 강남구에서 범죄 예방을 위해 거리마다 CCTV를 설치하겠다고 했다가 큰 논란이 일었지.

CCTV를 사방에 설치하면 범죄자들이 자제를 할 테고 굳이 다른 동네까지 찾아가 범죄를 저지르지 않을 테니 전체적으로 범죄율이 낮아질 거라는 게 강남구청의 주장이었어. 그러나 반대 의견도 만만치 않았어. CCTV를 설치하면 강남구에서 활동하던 범죄자들이 서울의 다른 지역으로 옮겨 가는 풍선효과만 일으킬 뿐더러, 무차별적인 CCTV 촬영은 수많은 시민들의 사생활을 침해할 거라는 주장이었지.

어느 주장이 더 타당한지는 명확하게 판가름 나지 않았지만 최근 서울 서남부 지역에서 활동하다 붙잡힌 연쇄 살인범과 연쇄 성폭행범은

CCTV 없는 지역을 노렸다고 진술했어. 그러자 강남 외의 다른 지역들도 경쟁적으로 CCTV를 설치하기 시작했지.

범죄 분야 못지않게 풍선효과가 많이 거론되는 분야가 경제야. 그중에서도 대표적인 것이 부동산 규제고. 집값이 급등했던 특정 지역(여기서도 강남구가 문제야)이 나라 전체의 부동산 시장을 교란하는 걸 막고자 집중적으로 규제를 했더니, 부동산 투기꾼들은 규제를 피해서 그 주변 지역으로 몰려들었어. 그 결과 주변 지역들의 집값이 들썩들썩했던 일이 있었지.

그 외에 '고리대금업'에 대한 규제를 어느 정도까지 해야 하는가도 풍선효과를 생각해 보지 않을 수 없어.

고리대금업 高利貸金業

500만 원 빌리고 이자는 수천만 원? 고리대금 더 이상은 안 된다.
은행들이 고리대금업을 한다는 비난이 곳곳에서 일고 있다.

고리대금업은 한자 그대로 풀면 '높은 이자로 돈을 빌려 주는 장사'야. 일명 '사채'라고도 하는데 주로 은행에서 돈을 빌리기 어려운 사회적 약자들을 상대로 돈을 빌려 주고 엄청난 이자를 받아 가는 것을 말해. 돈을 못 갚으면 악랄한 방법으로 괴롭히고 빚진 사람을 노예처럼 팔아넘겨 이익을 보기도 하지. 드라마에서 종종 봤을 거야.

인류 역사를 보면 수천 년 전부터 이런 고리대금업자들이 존재했는데 항상 크고 작은 사회적 문제를 야기해 왔어. 기독교나 이슬람교 등 주요 종교에 고리대금을 금지하는 교리가 있는 것만 보더라도 고리대금업이 굉장히 오래된 것임을 알 수 있지.

셰익스피어의 작품 『베니스의 상인』에도 샤일록이라는 유대인 고리대금업자가 등장하잖아. 돈을 갚지 못하는 주인공에게 가슴 한가운데에서 큼직한 살덩이를 베어 내서라도 갚으라며 으름장을 놓지.

오늘날 세계 각국은 고리대금업을 규제하고 있어. 우리나라도 연간 이자 한도를 44퍼센트로 제한하고 있지. 그런데 일본 정부가 얼마 전 연간 이자 한도를 20퍼센트로 낮추면서 풍선효과가 발생했어. 일본의 고리대금업자들이 이자를 44퍼센트까지 받을 수 있는 우리나라로 진출한 거야. 그 뒤로 우리나라 케이블 TV에는 온갖 일본계 대부업체들의 광고가 판을 치고 있지.

결국 우리나라에서도 연간 이자 한도를 20퍼센트 수준으로 낮추자는 주장이 나오기 시작했어. 하지만 정부에서는 그런 주장을 받아들이지 않고 있어. 이것 역시 풍선효과를 우려해서야. 이자 한도를 낮추면 이익이 줄어드니 아무래도 업자들이 돈을 덜 빌려 주게 되겠지. 그러다 보면 돈이 급한 사람들은 뒷거래를 통해 더 비싼 이자를 물고서라도 돈을 빌릴 수밖에 없게 될 거고. 그 경우 돈을 빌리는 사람 입장에서는 오히려 법의 보호를 받으면서 연간 44퍼센트로 빌리느니만 못한 처지에 놓일 수 있다는 거지.

이처럼 양측의 주장이 팽팽하지만 현행 이자 한도는 결국 더 낮추게 될 거야. 두 가지 이유 때문이지.

첫째, 지난 2007년 초까지만 해도 연간 이자 한도는 66퍼센트에 달했거든. 이자 한도를 낮추자는 주장에 정부는 그때도 똑같은 논리를 내세웠지만 정작 우려했던 부작용은 크지 않았어.

둘째, 금리를 이대로 뒀다간 일본의 고리대금업자들이 우리나라에 갈수록 더 많이 진출하게 되어 또 다른 부작용을 낳을 수 있기 때문이야.

어떤 일이 계기가 되어 일본 자금이 한꺼번에 다 빠져 나간다면 우리나라의 금융 시스템이 휘청거릴 수도 있거든. 실제로 비슷한 일로 큰 피해를 입은 적이 있었잖아. IMF로 더 익숙한 '외환위기' 말이야.

외환위기 外換危機

IMF 외환위기 당시 수많은 사람들이 직장을 잃었다.
외환위기는 우리 경제의 체질을 근본적으로 바꾸었다.

외환위기는 외국과 거래할 때 필요한 외국 돈이 부족해서 빚 갚을 능력이 안 된다는 뜻이야.

1990년대 중반 김영삼 대통령 시절 우리나라는 나름 경제 선진국에 가까워졌다는 이유로 경제협력개발기구OECD에 가입하고 금융시장을 외국인 투자자들에게 개방했어. 하지만 당시 우리나라의 금융업은 아직 걸음마 단계였어. 외국 투자자들, 특히 외국 투기꾼들이 우리나라에 진출했는데도 어떻게 대응해야 되는지 전혀 감을 못 잡을 정도였지. 이렇게 준비도 안 된 상태에서 문호를 개방한 게 문제였어.

게다가 그때는 무역 적자가 점점 더 심해지고 있었어. 외국에서 벌어오는 돈보다 나가는 돈이 더 많았지. 그런데도 금융업이 주먹구구식이다 보니 재벌들에게 아주 너그럽게 돈을 빌려 주었어. 재벌들은 무리하게 빚을 내어 사업을 마구마구 벌였지. 문어발식으로 말이야. 그러다 결국 사고가 터진 거야.

당시 태국도 우리나라처럼 준비 안 된 상태로 금융시장을 개방하는 바람에 외국인 금융 투기꾼들이 대거 들어와 있었어. 그런데 국가 전체적으로 외국 돈, 특히 달러가 부족하다는 얘기가 돌자 외국 투자자들이 한꺼번에 태국에서 유통되던 달러를 빼내 갔지. 그러자 국제 외환시장에서 태국 바트화가 폭락해서 바트화로는 물건을 살 수 없게 됐어. 인도네시아에서도 비슷한 방식으로 화폐 가치가 폭락했고, 태국과 인도네시아에 비상이 걸리자 아시아 경제를 대표하던 홍콩 주식시장도 폭락했지. 그 바람에 일본, 미국, 유럽 등지의 외국인 투자자들이 아시아 경제는 다 망한다고 생각하기 시작했고, 우리나라에 들어와 있던 외국인들도 한꺼번에 돈을 빼내 갔어.

왜 나라에 빚이 있을까?
개발도상국들은 돈이 없기 때문에 국가 개발을 하려면 돈을 빌릴 수밖에 없고, 선진국도 국가사업 시 세금을 더 거두는 것은 국민적 부담이 크기 때문에 싼 이자를 주고 돈을 빌리는 경우가 많음.
국가에 빚이 없더라도 기업들이 무역을 하면서 물품 대금을 서로 빌리고 빌려 주기 때문에 나라 전체적으로 외국 빚은 항상 있게 마련.

우리나라 주식시장은 무너졌고, 달러는 급등한 반면 원화 가치는 폭락했지. 달러를 구하기가 더욱 어려워졌어. 나라 전체적으로 외국 돈이 부족해지면서 외국에 빚을 갚기 어려워졌고, 결국 국가 신용 등급이 강등되면서 경제는 엉망이 되어 갔지.

더 이상 버틸 수 없게 된 김영삼 대통령은 마침내 1997년 11월, 국제통화기금IMF에 긴급 구제금융을 신청하게 돼. IMF는 가맹국의 돈을 모아 두었다가 일시적 자금난에 처한 국가에 돈을 빌려 주는 일을 하는 국제기구를 부르는 말이야.

우리나라는 195억 달러를 긴급하게 지원받고 겨우 한숨 돌리기는 했지만 그다음이 문제였지.

IMF는 우리 경제의 체질 개선을 요구하면서 강도 높은 구조 조정을 실시했어. 위기를 견뎌 낼 준비가 부족했던 은행과 금융사들이 문을 닫았고, 수천 개의 크고 작은 기업들이 부도가 나서 수백만 명이 일자리를 잃었지. 각종 대출금리가 너무 올라서 수많은 사람들이 신용 불량자가 되는 등 우리 국민들은 크나큰 고통을 겪어야 했어.

그뿐 아니야. 외국인들과 마침 그때 여윳돈이 있던 사람들은 헐값에 집과 땅과 기업들을 사들여 몇 년 만에 엄청난 돈을 벌었어. 우리 사회의 양극화는 더욱 극심해졌지. 또 SC제일은행, 씨티은행, 외환은행 같은 우리나라의 외국계 금융회사들은 그때를 전후로 외국에 팔려 갔어.

물론 강도 높은 구조조정 덕에 우리는 다른 아시아 국가에 비해 금융도 선진화되고 기업의 자금 관리도 투명해져서 국가 경쟁력이 높아진 건 사실이야.

우리나라는 김대중 대통령 재임 중인 1999년 9월부터 시작해서 2001년 8월 23일까지 IMF로부터 빌렸던 모든 돈을 당초 예정보다 3년 앞당겨 갚았어. 1997년 외환위기 당시 39억 달러밖에 없던 외환보유액도 2001년 9월 기준으로 990억 달러나 확보함으로써 세계 5위의 외환보유국이 되었어.

IMF의 요구대로 강도 높은 개혁을 실시하면서 국민들이 많은 고통을 당했기 때문에 외환위기를 IMF라고 표현하지만 정확한 용어는 아니야. '외환위기' 또는 '1997년 아시아 외환위기'가 정식 명칭이지.

> **토종은행 vs. 외국계 금융회사**
> 외환, SC제일, 씨티은행은 경영권이 외국인에게 있어 외국계 은행으로 분류됨.
> 90년대 중반까지 우리나라 은행들은 거의 다 토종은행이었으나 지금은 토종은행이라는 개념 자체가 모호. 국민, 신한, 하나은행의 주주 80퍼센트 이상이 외국 투자자들이니 토종은행이라고 할 수 없다는 의견과 그 은행이 우리나라에 본사를 두고 있고 우리나라 사람들이 경영권을 갖고 있는 이상 토종은행으로 봐야 한다는 의견으로 나뉨.

외환위기는 우리 사회 전반에 걸쳐 사람들의 사고방식을 완전히 바꿔 놓았어.

경제 면에서는 기존의 제조업 중심에서 벗어나 금융 등 서비스업의 중요성을 인식하게 됐고, '우리만 열심히 하면 된다'에서 '세계 경제의 흐름을 읽어야 한다'로 바뀌었어. 정치적으로는 대한민국 사상 처음으로 평화적인 정권 교체가 이뤄졌어. 이후 10년간 진보 개혁 진영이 정권을 잡았지. 사회적으로는 집과 일자리를 잃고 가난해진 사람들과 그때 헐값에 주식과 부동산을 사들여 더 부자가 된 사람들로 양극화가 심해졌어. 또한 직장이 평생을 보장해 주지 못한다는 섬이 드러나면서 사기계발을 통한 경쟁력 확보가 중요해졌어. 영어 실력이 강조되고 모든 영역에서 무한 경쟁이 시작됐지.

이런 경우 우리는 '패러다임'이 바뀌었다고 해.

패러다임 paradigm

외환위기 이후 우리 사회의 패러다임이 바뀌었다.
스마트폰이 이동전화 시장의 패러다임을 바꾸고 있다.

사람들은 패러다임이란 말을 정말 많이들 쓰고 있어. 패러다임은 '세상을 보는 틀' 정도로 이해하면 돼.

중세시대 사람들은 지구가 우주의 중심이라는 천동설을 철석같이 믿고 그걸 토대로 세상 만물을 연구했어. 천동설이 당시 사람들의 패러다임이었던 거야.

사고방식과 비슷한 말 같지만 사고방식이 보통 개인의 생각을 말하는 데 반해, 패러다임은 사회 공통의 생각을 말한다고 볼 수 있어. '사고의 틀'을 바꾼다는 표현이나 '틀'이라는 표현에 착안해서 요즘은 '프레임을 바꾸라'는 표현도 종종 쓰더라고.

패러다임은 미국 학자인 토머스 쿤Thomas Kuhn이 쓴 『과학혁명의 구조』에 등장하면서 널리 쓰이게 됐어. 인류의 과학 발전은 탑을 쌓듯이 누적되어 가는 게 아니라, 특정 시기에 인정되던 과학적 틀이 어떤 중대한 발견을 계기로 와르르 무너지고 새로운 과학적 틀로 대체되는 과정을 반복한다는 게 그 책의 중심 내용이야. 지동설의 등장으로 천동설이 무너졌 듯이.

이처럼 원래는 자연과학 용어였던 패러다임은, 점차 다른 학문 분야로 파급되어 오늘날에는 거의 모든 사회 흐름을 정의하는 개념으로까지 널리 사용되고 있어. 그만큼 과학 기술 발전이 사회 변화를 초래해 왔다는 뜻인데, 실제 인류의 역사는 기술 발전의 역사라 봐도 과언이 아니야.

과학 기술 발전은 예술계에까지 영향을 미쳐 새로운 예술 장르를 만들어 내기도 하지. 대한민국이 낳은 세계적인 예술가 고故 백남준의 비디오 아트만 봐도 알 수 있잖아. 백남준은 비디오 아트에 행위를 통한 퍼포먼스를 결합시킨 경우가 왕왕 있었어. 어느 면에서는 행위예술의 한 부분으로 볼 수도 있지. '행위예술'은 전통적인 예술계의 패러다임을 바꿨다고 할 만큼 충격을 주었어.

행위예술 行爲藝術, performance

일본의 한 행위예술가, 도쿄 한복판에서 에드바르 뭉크의 절규를 흉내 내다.
행위예술가 안 모씨, 뉴욕 한복판에서 반전을 노래하다.

행위예술은 영어로 퍼포먼스라고 하는데 전통적인 예술과 달리 예술가의 행위 그 자체가 작품인 것을 말해.

성악, 악기 연주, 그림, 조각 같은 기존 예술은 예술적 결과물, 즉 아름다운 음악이나 멋진 미술 작품 등을 중시하는데 반해서 행위예술은 사람들 앞에서 예술적 행위를 하고 그 행위를 통해 사람들에게 감흥을 불러일으키는 데 목적이 있어.

일반적으로 가장 많이 알려진 행위예술가로 백남준을 꼽을 수 있는데, 그는 1960년대 초 주로 독일에서 활동하면서 갖가지 기이한 예술 활동

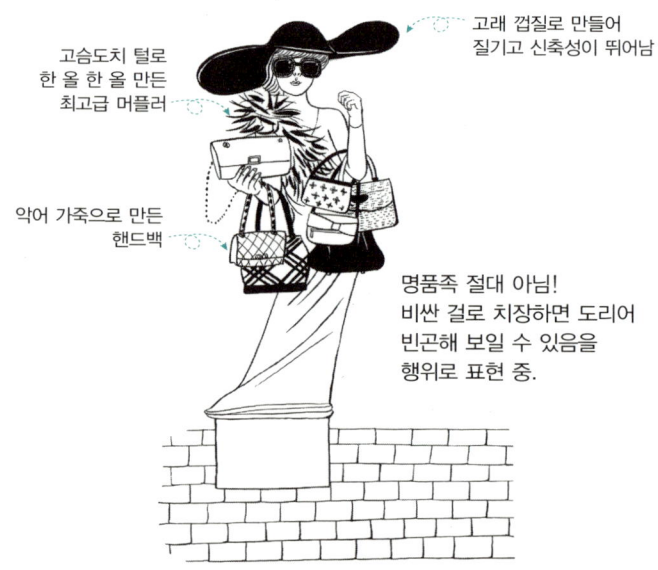

고래 껍질로 만들어
질기고 신축성이 뛰어남

고슴도치 털로
한 올 한 올 만든
최고급 머플러

악어 가죽으로 만든
핸드백

명품족 절대 아님!
비싼 걸로 치장하면 도리어
빈곤해 보일 수 있음을
행위로 표현 중.

을 했어. 그가 스승인 '존 케이지'를 위해 준비한 작품 〈피아노포르테를 위한 연주〉는 유명해.

백남준은 무대 위에서 피아노를 치다가 갑자기 예술가들이 앉아 있는 객석 맨 앞줄로 달려가 존 케이지의 셔츠와 넥타이를 잘라 버리고 예술가들의 머리에 샴푸를 바른 다음, 공연장 밖으로 달려 나갔지. 그리고 얼마 후 공연장에 전화해서 퍼포먼스가 끝났다고 했대. 관중들은 황당해했다고 하지.

또 다른 행위예술가 이건용은 신체 드로잉이라고 해서 온몸을 이용해 벽이나 바닥에 반복적으로 선을 긋고 그 모습을 관객들이 지켜보게 하는 것으로 유명해.

행위예술이 대략 어떤 건지, 왜 하필 '행위'예술이라고 하는지 이해가 갈 거야. 사실 행위예술을 보고 그게 무슨 뜻인지 단번에 이해한다는 사람은 거의 없어. 워낙 난해하니까. 심지어 어떤 이들은 행위예술이 그냥 별 의미 없는 행동이라거나 일부러 사람들의 관심을 끌려고 그러는 것이라고 비아냥거리기도 하지.

행위예술이 그처럼 난해한 이유는, 예술가들이 이를 통해 우리의 삶과 정신세계를 말하려 하기 때문이라고 해. 역사적으로 볼 때 20세기 예술계에 유행했던 '초현실주의와 다다이즘'의 뒤를 잇는 것이고, 제2차 세계대전 이후 우리 인간의 삶이 전혀 논리적이지 않을 뿐 아니라 난해하기까지하다는 공감대가 널리 퍼지면서 나타난 장르기 때문이지. 나아가 기존 예술처럼 박물관에 전시되고 보존되며 심지어 시장에서 거래되는 것이 아니라, 인생이 한 번 왔다 사라지는 것처럼 예술도 그래야 한다는 취지를 담았기 때문이라고 해.

초현실주의와 다다이즘

초현실주의와 다다이즘
르네 마그리트는 초현실주의 작가다.
요즘 패션계에서는 초현실주의적인 디자인이 유행이다.

프로이트
꿈을 중심으로 인간의 무의식과 잠재의식을 연구한 학자. 인간의 정신세계를 지적 자아인 에고(ego), 무의식 중의 본능인 이드(id), 양심인 초자아(super ego) 세 가지로 나누고, 특히 이드를 중심으로 인간의 성욕과 잠재의식을 강조함. 인간의 이성만 강조되던 시대, 그의 연구 성과는 큰 화제가 됨.

초현실주의는 1920년대 프랑스에서 시작되어 전 세계로 퍼져 나간 문화 예술계의 흐름을 말해. 당시 예술가들이 그랬듯이 초현실주의 역시 프로이트의 정신분석학으로부터 큰 영향을 받았어.

초현실주의자들은 정물화나 풍경화처럼 단순히 현실을 그림으로 재구성하기보다 상상력을 발휘하여 꿈이나 잠재의식의 세계를 자유롭게 그려 냈어.

화가 중에는 살바도르 달리와 르네 마그리트가 프로이트에게 큰 영향을 받았어. 회중시계들이 흘러 내리는 모습을 그린 달리의 〈기억의 고집〉, 하늘에 떠 있는 거대한 바위의 모습을 그린 마그리트의 〈피레네의 성〉이란 작품이 유명한데, 영화 〈아바타〉에서 하늘에 떠 있는 바위들을 보면 르네 마그리트의 작품에서 영향을 받았음을 짐작할 수 있지.

초현실주의를 다다이즘과 혼동하기 쉬운데, 다다이즘은 제1차 세계 대전 말부터 등장한 예술적 흐름이야. '다다'란 프랑스어로 아이들이 타고 노는 목마를 가리키는데, 심각한 의미가 있는 게 아니라는 뜻에서 일부러 별것 아닌 단어를 갖다 쓴 거래. 좀 허무하지?

시기적으로는 다다이즘이 초현실주의에 조금 앞서. 둘의 공통점은 근대 기계문명과 이성 중심의 합리주의에 반대하고, 인간의 잠재의식과 내면세계를 중심에 두었다는 점이야. 차이점은 다다이즘이 서구 물질문명을 정면으로 비판한 반면, 초현실주의는 상상의 세계를 보여 줌으로써 간접적·비유적으로 비판했다는 점이지.

다다이즘과 초현실주의는 기존 예술계의 흐름을 부정하는 것이었기 때문에 표현 기법에 있어서도 새로운 방식을 사용했어.

다다이즘 작가들이 처음 사용한 미술 기법이 바로 '콜라주'야. 미술 시간에 잡지 사진을 잘게 찢어서 풀로 붙여 새로운 그림을 그리는 방법을 배운 적 있지? 다다이즘 작가들은 콜라주 외에도 2개 이상의 사진을 붙여 새로운 모습을 보여 주는 포토몽타주 기법도 사용했어.

초현실주의는 다다이즘보다도 더 특이한 기법을 만들어 냈어. 미술 시간에 배우는 데칼코마니와 프로타주가 대표적인 초현실주의 기법이야.

그때까지만 해도 그림은 붓이나 연필로 그리는 것이 전부라고 생각했기 때문에 콜라주나 데칼코마니 같은 기법은 굉장히 충격적이고 새로운 첨단 기법이었다고 해. 그런데 오늘날은 유치원이나 초등학교 미술 시간에 주로 쓰인다는 점이 재미있지 않아?

콜라주와 데칼코마니는 따라 하기 쉬울 뿐 아니라 표현 기법이 창의적이고 '감각적'이어서 어린이 미술 교육에 포함된 걸 거야.

데칼코마니
종이 반쪽에 물감을 이리저리 칠한 뒤, 종이를 접어 기묘한 문양이 나타나게 하는 기법.

프로타주
나뭇잎이나 동전 같은 올록볼록한 물건 위에 종이를 대고 색연필 등으로 문질러 모양이 나타나게 하는 기법.

감각적인 표현

그 작가의 작품은 감각적인 표현으로 가득하다.
소리 없는 아우성, 이것은 탁월한 감각적 표현으로 오래오래 기억될 것이다.

'감각적인 표현'이란 미술, 음악 등 다양한 문화예술 분야에서 쓰이는 말인데 예술가가 사물에서 받은 인상이나 느낌을 그대로 전해 주듯이 표현하는 것을 말해. 특히 수업시간에 시를 배울 때 자주 듣게 되지. '돌담에 속삭이는 햇발같이'처럼 글만 읽어도 '돌로 만든 담장 위에 부드럽고 따뜻하게 내려앉은 햇살'이 눈앞에 떠오르게 하는 구절 등을 말해.

이렇게 들으면 알 것 같다가도 막상 설명하려면 쉽지 않은 게 이 용어야. 특히 선생님이 가르쳐 줄 때는 "아~" 하다가도 막상 문제를 풀다 보면 알쏭달쏭하게 마련이지.

감각적인 표현이냐 아니냐를 구분할 때는 흔히 말하는 오감, 즉 시각, 촉각, 미각, 청각, 후각이 있는지를 보면 쉬워. 또 감각적인 표현은 사물에 대한 느낌을 그대로 전달하기 위해 쓰기 때문에 소리를 흉내 내는 말_{의성어}, 모양을 흉내 내는 말_{의태어}을 사용하는 경우가 많아. 이런 표현이 담겨 있느냐도 구별 기준이 되지.

그런데 '감각적'이란 말은 국어 시간 외에도 아주 많이 쓰여. 교실 밖에서는 어떤 의미로 쓰일까?

'감각적 표현'의 반대말이 '이성적(또는 논리적) 표현'이라는 점을 생각해 보면 쉽게 이해할 수 있어. 예를 들어 자동차를 광고할 때 이 차가 최고 시속이 얼마이고 소음이 적어 조용하다고 설명하는 대신, 자동차가 아주 빠른 속도로 달리는데도 차 뒷좌석에선 잔잔한 클래식 음악 소리와 함께 강아지가 새근새근 자고 있는 모습을 보여 주는 것이 훨씬 더 효과적이지. 이때 후자 쪽을 감각적인 표현이라고 해.

사람에게는 이성과 감성이 같이 존재하지만 마음을 움직일 때는 감성을 건드리는 것이 더 효과적이지. 그래서 짧은 시간에 분명한 느낌을 전달해야 하는 광고나 디자인에 감성을 건드리는 표현이 많이 사용되는 거야.

오늘날은 감성이 무척 강조되지만, 겨우 1백 년 전만 해도 감성보다는 이성이 더 중요하게 여겨졌어. 사람은 이성적인 존재이니만큼 충분한 교육을 받기만 하면 모든 일을 논리적으로 결정하고 행동할 거라는 계몽주의와 이성중심주의가 18, 19세기 유럽을 주름잡았지. 그에 따라 나타난 사상적·문화예술적 흐름을 모더니즘이라고 해.

모더니즘과 포스트모더니즘 modernism · postmodernism

한국의 모더니즘을 선구적으로 이끈 작가 이상을 다룬 영화가 곧 개봉한다.
현대 예술은 포스트모더니즘적인 경향을 띤다.

모더니즘은 사상적 측면에서 쓰일 때와 문화예술적 측면에서 쓰일 때 의미가 조금 달라. 사상적 측면에서는 중세시대까지 유럽에 퍼져 있던 가톨릭의 권위와 기존 도덕 및 전통에 반대하는 흐름을 뜻해. 산업혁명 이후의 기계문명과 도시 생활에 걸맞게 자유롭고 이성적인 것을 추구하자는 주의였어.

그에 비해 문화예술적 측면에서는 종교적 권위뿐 아니라 근대 이성 중심주의의 억압까지도 넘어서자는 흐름을 말해. 미술계를 예로 들면, 1800년대까지도 유럽에선 사람이나 풍경을 사진처럼 세밀하게 묘사하는 극사실주의적 그림이 유행했어. 하지만 카메라가 등장한 이후 그런 미술로는 더 이상 기계를 따라갈 수 없게 되었단 말이야. 그럼 화가는 뭘 해야 하지?

자연스레 기존의 틀을 깨는 새로운 방식으로, 화가 자신의 느낌에 충실한 그림을 그리자는 흐름이 나타날 수밖에. 고흐나 마네 등의 인상주의, 피카소로 대표되는 입체파, 살바도르 달리 등의 초현실주의가 등장했고, 이런 것들을 모더니즘이라고 불렀지.

제임스 조이스, T. S. 엘리엇 등의 실험적인 작품을 모더니즘 문학이라고 부르고, 우리나라에선 1930년대 김기림 같은 작가들이 주지주의 (감성보다 지성을 중심으로 하는 주의) 문학작품들을 남겼지.

사실 모더니즘 작품들을 지금 감상해 보면 영어 단어 모던^{modern : 현대}이란 말이 무색할 만큼 낡은 이야기라는 생각이 들 거야. 모더니즘에서 말하는 모던, 즉 현대가 1900년대 초반을 가리키기 때문이지.

모더니즘은 기존의 관습을 부정하자는 운동이었지만, 그러다 보니 작품들이 너무 난해해지면서 일반 대중으로부터 멀어져 버렸어. 사실 추상화를 보면 뭐가 뭔지 잘 모르겠잖아. 그래서 제2차 세계대전을 치르고 난 뒤 포스트모더니즘이라는 사상적·문화예술적 흐름이 1960년대 프랑스와 미국을 중심으로 나타났어. 대표적인 학자로는 푸코, 보드리야르 등을 들 수 있고, 예술가로는 마르셀 뒤샹이나 앤디 워홀을 들 수 있지.

　포스트모더니즘이 정확히 뭐냐에 대해서는 지금도 많은
사람들이 논쟁 중이기 때문에 딱 잘라 말하기는 어려워. 다
만 사상적 측면에서는 어떤 절대적 권위나 이념도 부정하
고 이성보다 감성을 강조한다는 점, 개개인의 개성과 다양
성을 중시한다는 점을 말할 수 있지. 문화예술적으로는 일
반 대중에게 쉽게 다가가려는 이른바 '팝 아트'를 중시한다
는 점을 들 수 있겠고.

　그렇다고 해서 포스트모더니즘이 꼭 모더니즘에서 나타난 예술적 기
법들을 다 버리고 팝 아트만 하는 것은 아니야. 모더니즘의 한 조류인 초
현실주의 예술가들이 주로 사용한 콜라주나 '몽타주' 기법은 포스트모
더니즘 시대에도 다양하게 응용되고 있지.

포스트모더니즘이 등장한 지 50년이 지난 지금 새로운 흐름을 만들자는 논의가 세계 각지에서 이뤄지고 있음. 포스트모더니즘은 지난 수천 년간 이어져 온 서구 사상과 예술을 모두 해체하는 성과를 거뒀지만, 그 해체된 잔재 위에 지어질 새로운 사상이나 예술은 아직 나타나지 않고 있음.

몽타주montage

그 연극은 영화의 몽타주 기법을 무대 위로 끌고 왔다.
형사는 범인을 잡기 위해 피해자들의 진술을 토대로 몽타주를 만들었다.

몽타주란 '조합하다, 짜맞추다'라는 뜻의 프랑스어 'monter'에서 유래
된 것으로 필름을 편집해서 현실에 없는 모습을 만들어 내는 사진 기법
용어였어. 사진이 현실을 있는 그대로 담아 내는 것이라면 몽타주 기법
을 통해 편집된 사진은 현실에 없는 것을 작가의 뜻대로 만들어 내는 것

이니 초현실적이지. 그래서 초현실주의 작가들이 몽타주 기법을 사용하기 시작한 거야.

　그러다가 러시아의 예이젠시테인이나 푸돕킨 같은 영화감독에 의해 영화 제작 기법으로도 사용됐지. 〈전함 포템킨〉으로 유명한 예이젠시테인은 몽타주 기법을 영화 이론으로 발전시켰는데, 〈파업〉이라는 영화에서는 파업 중인 노동자들을 군인들이 마구 죽이는 장면과 도살장에서 소를 잡는 장면을 함께 편집해 보여 줌으로써 관객에게 충격을 주는 식의 기법을 잘 사용했어.

　사진을 조합한다는 뜻을 가진 몽타주는 점차 수사기관이 범죄자 수사를 위해서 합성으로 만들어 낸 범인의 얼굴 사진을 가리키는 말로도 쓰이게 됐어. 범죄자의 사진을 입수할 수 없을 때 목격자들의 기억에 의존하여 범인의 얼굴을 추측해 내는 거지.

　우리나라 경찰청에는 1975년에 처음 도입됐는데 당시엔 일일이 손으로 그림을 그렸다고 해. 그러다 1995년에 미국에서 몽타주 작성 컴퓨터 프로그램을 수입했고, 1999년에는 경찰청 과학 수사 센터에 한국형 몽타주 작성 시스템이 설치되어 정확도가 높아졌다고 하지. 범인의 얼굴을 정확히 그려 낼수록 검거율이 높으니까 몽타주는 사실적일수록 좋아.

　문화예술계에서도 이처럼 작가의 주관적인 느낌이나 상상력보다 현실을 객관적으로 묘사하는 데 힘쓰는 창작 방식이 있어. 그것을 '리얼리즘'이라고 하지.

리얼리즘(사실주의)

그 작가는 리얼리즘이 부족하다.
그 영화는 전쟁을 너무도 사실주의적으로 묘사해서 관객들에게 충격을 주었다.

리얼리즘이란 문학, 미술, 영화, 연극 등에서 '현실을 되도록 있는 그대로 묘사하려는 창작 방식'을 뜻해. 예술도 결국 인간이 하는 것이니 사람들이 겪고 있는 현실적 모습을 객관적으로 담아 내는 데서 의미를 찾아야 한다는 거야.

사실주의라고도 하는 리얼리즘은 고전주의나 낭만주의 등의 창작 방식에 대립하는 개념이야.

1800년대까지만 해도 유럽 미술계에서는 주로 성경의 일화나 그리스 신화 또는 유명한 역사적 사건 등을 화가가 상상해서 그리는 작품이 대부분이었어. 왜냐하면 미술 작품을 감상하는 사람들이 주로 왕실, 귀족, 돈 많은 부르주아 계급이었거든.

하지만 1800년대 중반 프랑스의 귀스타브 쿠르베라는 화가는 그런 전통적인 상상화를 배격했지. 평민 신분이었던 그는 〈돌 깨는 사람들〉이나 〈밀 터는 여인들〉, 〈오르낭의 매장^{埋葬}〉처럼 지극히 현실적인 그림을 그렸어. 그는 평소 제자들에게 "천사를 본 일이 있는가? 차라리 아버지를 보고 그려라"는 말로 리얼리즘을 강조했다지.

그의 작품 활동 이후 점차 리얼리즘은 미술뿐 아니라 문학, 연극처럼 다양한 분야로 퍼져 나가게 됐어. 발자크, 스탕달, 찰스 디킨스 등이 대표적인 리얼리즘 작가야. 리얼리즘은 러시아 문학의 대표격인 톨스토이,

도스토옙스키에까지 영향을 주어 독특한 러시아적 사실주의를 탄생시켰지.

사실 예술 분야에서 인간의 삶을 객관적으로 묘사하려는 사실주의와 비현실적이지만 희망과 내면의 감정을 담은 낭만주의는 동서양을 막론하고 늘 엎치락뒤치락해 왔어. 역사적으로 사회가 안정되고 경제가 풍요로울 때는 낭만주의가 유행한 반면, 사회가 혼란하고 경제적으로 어려울 때는 사실주의가 유행했지.

예술 주도층이 왕실이나 귀족처럼 부유한 이들이냐, 가난한 평민이냐에 의해서도 달라졌어. 이백과 두보는 당나라의 유명한 시인인데 이백은 낭만주의의 최고봉이었고 두보는 사실주의의 최고봉이었어. 이태백이라는 호로 더 유명한 이백은 술만 마시면 입에서 시가 줄줄 나올 정도로 천부적 재능을 가졌대. 부잣집 출신에 자유분방한 도교의 영향을 받아 주로 낭만적인 시를 지어서 시선詩仙이라 불렸지.

이백과 두보
이백은 노자, 장자, 도연명의 뒤를 이어 낭만주의적 시문학을 확립했고 두보는 시경과 악부 민요를 바탕으로 사실주의 시문학을 확립했기 때문에, 이백과 두보가 활동하던 당나라 시대는 지금까지도 중국 시문학의 황금시대로 평가되고 있음.

반면 두보는 완벽주의라 할 만큼 한 글자 한 글자 고심해 가며 시를 썼대. 가난한 집안 출신에 현실적인 유교 성향이 강해 백성의 고통과 슬픔을 시로 옮겼고 시성詩聖이라 불렸어.

전해 내려오는 이야기에 따르면 이백은 신선놀음하듯 술에 취한 채 배를 띄워 놓고 시를 짓던 중 물 위에 비친 달을 잡으려다 빠져 죽었다고 해. 그가 추구하던 노자, 장자의 '무위자연' 사상에 어울리는 죽음이었다고나 할까?

무위자연 無爲自然

노자의 무위자연 사상은 어느 면에선 시장경제 원리와 일맥상통한다.
김 작가의 작품들은 간결한 붓 터치와 여백을 통해 무위자연을 잘 나타내고 있다.

〈인셉션〉, 〈매트릭스〉, 〈아바타〉. 이 세 영화의 공통점이 뭘까? 바로 중국의 철학자인 장자가 말한 '호접(지)몽'이란 개념과 아주 유사하다는 점이야.

고대 중국 춘추전국시대에는 사회가 혼란스럽다 보니 제자백가라고 하는 온갖 철학자들과 사상이 등장했어. 공자와 맹자로 대표되는 유가사상, 노자와 장자의 도가사상, 한비자의 법가사상 등이 그 주역들이야. 그중 도교의 기원인 도가사상은 '무위자연'을 이상으로 삼고 있어.

'무위자연'을 한자 그대로 풀이하면 '아무것도 하지 말고 자연 그대로 두라'는 뜻이야. '인위적으로' 뭔가 해서 현실을 개선하려고 하는 유가사상에 반대하는 뜻에서 '무위'라는 말을, 만물을 본래 성질에 맞게 두고 거기에 순응해야 한다는 뜻에서 '자연'이란 말을 쓴 거야.

무위자연의 도를 실현하는 방법으로는 부쟁不爭:다투지 않음, 불유不有:소유하지 않음, 불시不恃:자랑하지 않음, 무욕無慾:탐내지 않음을 제시했어. 하지만 도가에서는 '도가도비상도道可道非常道'라고 해서 도를 도라고 하는 순간 이미 도가 아니라고 해. 즉, 진정한 도는 사람이 규정할 수 없는 초월적인 것이라고 보기 때문에 무위자연을 글로 설명하기란 여간 어려운 게 아니야.

> **제자백가**
> 중국 춘추전국시대의 여러 사상가들과 그들의 사상을 가리키는 말. 공자, 맹자, 노자, 장자, 한비자처럼 당시 유명한 사상가들은 '자'를 붙였음. 제자란 여러 사상가들이란 뜻이고, 백가란 그들의 학파를 말하는 것임. 유가, 도가, 법가 등등.

그래서 노자와 장자는 여러 가지 비유를 통해 무위자연을 설명했어. 그중에서 장자의 '호접지몽胡蝶之夢'이 가장 유명해. 하루는 장자가 꿈속에서 나비가 되어 꽃들 사이를 즐겁게 날아다녔지. 그러다가 잠을 깨었는데 자기는 분명 장자가 아니겠어? 문득 자기가 꿈속에서 나비가 된 것인지, 아니면 나비가 꿈에 자기가 된 것인지를 구분할 수 없더라는 거야. 만물이 하나라는 절대 경지에서 보면 장자도 나비도, 꿈도 현실도 구별할 수 없고 결국 눈에 보이는 것은 만물의 외적인 모습 또는 감각에 불과하다는 뜻이지.

　　장자이면서 나비고 나비이면서 장자라는 이중성, 이해하기 어렵지만 이 점이 노장사상의 독특한 점이야.

11

화촉을 밝히다
간도
M&A
시너지효과
블록버스터
산통을 깨다
코페르니쿠스적 전환

화촉을 밝히다

영화배우 A씨와 B씨, 내년 초 화촉을 밝힌다.
아나운서 C씨, 동갑내기 사업가와 다음 달 화촉.

왜 결혼하는 걸 가리켜 '화촉을 밝힌다'라고 할까?

華화려할 화와 燭촛불 촉이 합쳐진 화촉은 말 그대로 '화려한 촛불'이야. 옛날 중국에서 많이 쓰던 빨간색의 초를 뜻해. 빨간색을 좋아하는 중국 사람들은 예로부터 결혼식과 같은 경사스런 날에 꼭 빨간색 초를 사용했다고 해. 결혼식장은 물론 신랑 신부의 첫날밤 신방도 장식했지. 그래서 '화촉을 밝힌다'는 말이 결혼식을 가리키게 된 거라고 해.

조금 다른 해석도 있어. 화촉의 '화'가 실은 자작나무 화樺를 의미한다는 거야. 양초나 등잔조차 없던 시대에 살았던 사람들은 자작나무의

껍질에 불을 붙여 촛불로 썼다고 해. 자작나무는 껍질에 기름기가 많아서 불에 타면 자작자작 소리가 난다고 하는데 당시 사람들에게는 어둠을 밝히는 데 아주 요긴하게 쓰였을 거야. 결혼식에서도 예외는 아니었겠고.

그런데 자작나무는 원래 추운 지역에서 자라는 나무야. 인위적으로 심고 기르지 않는 한 북위 45도 이북 지역이라야 볼 수 있어. 한반도 북쪽 끝의 백두산이 북위 42도니 자작나무는 한반도에서는 보기 어려운 나무일 텐데 그럼 자작나무 초는 백두산 이북 지역인 중국에서만 썼을까?

꼭 그렇게 볼 수만은 없어. 조선시대까지만 해도 백두산 북쪽의 넓은 땅이 우리 조상들의 영토였거든. 드넓은 자작나무 숲이 펼쳐져 있는 그 땅을 간도라고 하는데, 조선의 영토는 지금의 한반도와 '간도'를 합친 거였어.

> 중국 사람들이 빨간색을 좋아하는 이유는 양기를 상징하는 빨간색이 음기에 해당하는 귀신을 쫓아낸다고 여기기 때문. 우리나라가 동지에 팥죽을 먹는 풍습 역시 귀신을 쫓고 복을 기원하는 것임.

간도 間島

일제에 땅을 뺏기고 간도의 황무지로 쫓겨 간 조선 농민들.
간도엔 우리 겨레의 숨결이 살아 있다.

간도는 현재 중국이 점유하고 있는 함경북도 북쪽의 넓은 땅을 말해. 정확한 범위는 학자들 간에도 의견이 나뉘기 때문에 딱 잘라 말하기 어렵지만 대략 남쪽으로는 지금의 압록강과 두만강, 북쪽으로는 중국 토문강까지라고 볼 수 있어.

간도 문제가 역사적으로 부각된 것은 1712년 세워진 백두산 정계비에 대한 조선과 청나라의 해석 차이 때문이야. 청나라가 자꾸 간도 지방을 탐내자, 조선은 1883년 어윤중을 서북경략사로 보내어 청나라와 국경 문제를 협의했지. 백두산 정계비에는 西爲鴨綠東爲土門서위압록동위토문이라고 씌어 있었어. 청과 조선의 국경을 서쪽은 압록으로, 동쪽은 토문으로 한다는 내용이야. 백두산 정계비 옆으로는 실제 압록강과 토문강송화강의 지류이 흐르고 있지. 그런데 청나라 측에서 토문강이 두만강이라고 억지를 부리는 바람에 협상은 결렬되고 말았어.

계속해서 간도를 탐낸 청나라는 결국 간도의 영유권을 빼앗아 갔어. 그게 바로 1909년 체결된 간도협약이야. 을사늑약으로 대한제국의 외교권을 박탈한 일본이 청나라와 간도 문제에 관한 교섭을 벌이다가 만주 지역에 대한 철도 부설권 등을 얻는 대가로 간도를 청나라에 넘겨 주는 협약을 체결하고 말았지. 일본과 청나라가 우리 땅을 강제로 빼앗은 셈이니 간도협약은 국제법적으로 무효라고 봐야 돼.

하지만 그 뒤로도 간도는 우리 조상들의 삶의 터전이 되어 주었어. 특히 독립군과 독립 운동가들의 활동 근거지였지. 현재는 중국의 점유 아래 연변 조선족 자치주가 있어서 조선족들과 한족들이 살고 있다고 해.

사실 간도는 북한 지역 땅이기도 해서 우리나라가 먹고살기 힘들었던 시절에는 별다른 관심을 끌지 못했어. 하지만 중국이 최근 동북공정 등 한반도 북부 지역에 대해 야심을 드러내면서, 우리나라에서도 간도 문제를 제기하는 사람들이 늘고 있어. 2009년 국회에서는 간도협약 무효를 선언하는 결의안이 추진되기도 했지.

다만 간도 되찾기를 추진하는 이들이 몇 가지 생각해야 될 문제가 있어.

첫째, 백두산 정계비는 양날의 칼이야. 간도 연구를 하는 학자들은 백두산 정계비의 '토문강'이란 단어를 논거로 드는데, 문제는 백두산 정계비가 당시 막강하던 청나라의 위세에 눌려 백두산 천지보다 한참 아래쪽에 세워졌다는 점이야. 즉 백두산 정계비에 적힌 대로 영토를 정하다 보면 백두산 천지는 중국 땅이 되어 버릴 수도 있다는 모순이 있지.

둘째, 간도를 되찾을 경우 그것을 북한 땅으로 할지 남한 땅으로 할지 애매한 데다, 1962년에 북한과 중국이 국경조약을 맺어 두만강을 국경으로 했기 때문에 간도협약이 무효라고 해도 북한과 중국의 조약을 무효로 할 방안이 별도로 있어야 한다는 점이야.

간도를 빼앗긴 우리 입장에서는 억울한 일이지만 역사적으로 나라와 나라 사이에서는 이처럼 영토를 병합하거나 병합당하는 일이 많이 있었어. 그런 비극을 당하지 않으려면 국력을 키워야겠지.

요즘은 나라와 나라 사이보다는 주로 기업과 기업 사이에서 먹고 먹히는 일들이 많이 발생하는데, 그것을 경제 용어로 'M&A'라고 해.

M&A mergers & acquistions

올해 기업 인수·합병 유난히 활발, 재계 순위 변화 예상.
○○그룹 적극 M&A 예고.

M&M은 알약 모양의 초콜릿 이름인데 M&A는 뭘까?

쉽게 말해 인수합병引受合倂, 즉 기업을 인수하거나 합병하는 것을 아울러 말하는 거야. 기업 인수란 한 기업이 다른 기업의 경영권을 얻는 거야. 현대자동차가 기아자동차를 인수한 뒤에도, 즉 기아자동차의 주인이 현대차인데도 여전히 현대차, 기아차 별개로 사업하는 것을 떠올리면 이해하기가 쉽겠지.

기업합병은 둘 이상의 기업이 하나로 합치는 거야. 국민은행과 주택은행을 합쳐 국민은행이라고 한 것처럼 한쪽 이름으로 통합하는 경우도 있고, 상업은행과 한일은행을 합쳐 우리은행이라고 한 것처럼 전혀 새로운 이름으로 바뀌는 경우도 있어.

그런데 기업이 다른 기업을 인수하거나 기업들끼리 하나로 합치면 뭐가 좋은 걸까? 여러 가지를 생각해 볼 수 있어. 기존 기업이 성장하는 데 한계가 있거나 새로운 사업에 소요되는 시간과 투자 비용을 아끼려 할 때, 혹은 다른 회사가 가진 기술력이나 인재들이 탐날 때 인수합병을 하면 새로 얻은 회사의 기술이나 숙련된 전문 인력을 활용할 수 있고, 같은 업종일 경우에는 시장 점유율을 높일 수도 있어.

그런데 인수합병이 모두에게 좋은 것만은 아니어서 반대하는 사람들도 있어. 특히 인수당하는 회사의 경영진들은 직장을 잃게 될 수 있기 때문에 충분한 보상을 해 주지 않으면 반대하는 경우가 꽤 있어.

이런 경우 적대적 인수합병이 일어날 수도 있지. 인수나 합병을 당하는 회사가 인수합병을 반대하는데도 그 회사의 주식을 사들이는 방법으로 강제 인수해 버리는 거야. 그리고 인수합병을 한 뒤에는 '구조조정'이라는 명분으로 업무가 중복되는 수많은 직원들을 해고하기도 해. 기업 입장에서는 직원 숫자를 줄여 비용을 절감할 수 있지만 해고당한 직원들 입장에서는 너무도 고통스럽겠지.

인수당하는 기업뿐 아니라 인수하는 기업 입장에서도 손해를 보는 경우가 있어. 인수합병에 돈이 너무 많이 들어 후유증을 감당 못 하고 망하는 경우도 있거든. 이른바 '승자의 저주'라고도 하는데 무리하게 돈을 빌려 투자한 결과라고 할 수 있어.

그래서 인수합병 자체가 좋다, 나쁘다보다는 두 회사가 합칠 때 드는 비용보다 이후에 더 큰 '시너지효과'를 낼 수 있느냐 없느냐를 기준으로 따져 봐야 해.

> 인수합병의 반대말은 기업분할. 하나의 회사를 두 개 이상으로 나누는 것을 의미함. 각각 다른 업종에 전념하도록 하기 위해서 혹은 회사의 일부분만 팔기 위해 회사를 쪼개는 개념.

시너지효과 synergy effect

OO기업, A사와 인수합병으로 더 큰 시너지효과를 누리게 될 듯.
현빈과 탕웨이, 시너지효과 기대돼.

'상승相乘효과'라고도 하는 이 말은, 힘을 합쳤을 때 더 좋은 성과를 내는 경우를 의미해. 2하고 2를 더했을 때 4가 아니라 5나 6 이상이 나오는 경우라는 거지. 원래 그리스어의 '협력하다', '공동으로 일한다'는 단어에서 유래한 말인데, 이제는 경제나 경영 분야에서 주로 쓰여. 회사 내의 각 기능이나 부서들이 서로 도우며 일하면 훨씬 더 좋은 결과를 낼 수 있다는 뜻으로.

역逆시너지효과는 시너지효과의 반대 개념으로 2하고 2를 더했는데 2나 1밖에 안 되는 경우를 말해. 구성원들의 의견이나 호흡이 맞지 않거나, 성질상 함께하는 것이 맞지 않는데도 억지로 모아 놓은 경우에 이런 일이 발생하지.

그런데 어떻게 2 더하기 2가 5나 6 이상이 될 수 있는 걸까?

요즘 유행하는 MMORPG형 온라인 게임을 예로 들어 볼게. 솔로 플레이를 할 때 혼자 사냥하면 자신의 레벨과 비슷한 수준의 적만 사냥할 수 있지. 반면, 비슷한 직업을 가진 이들 둘 이상이 파티를 맺고 사냥을 하면 훨씬 더 강한 적도 사냥할 수 있어.

하지만 대장급의 막강한 적을 잡으려면 각각 다른 직업을 가진 이들이 파티를 구성해야만 해. 그래야 같은 직업을 가진 이들이 모였을 때보다 훨씬 더 강력한 팀이 되어 적의 대장을 쓰러뜨릴 수 있단 말이지. 그때의 능력은 구성원들 하나하나의 능력을 더한 수준을 훨씬 넘어서게 돼. 각자가 자신의 특기를 발휘해 다른 이의 약점을 보완해 주기 때문이야.

시너지효과는 영화제작에도 쓰이지. '블록버스터' 영화에서처럼.

음악 들으며
공부하지 말랬지!

에이~
노래를 들어야
집중이 잘된다니까요!

블록버스터 blockbuster

올 여름을 강타할 초대형 블록버스터가 온다.
쟁쟁한 블록버스터 영화들을 제치고 워낭소리가 1위를 차지한 것은 놀라운 일이다.

블록버스터라고 하면 정확한 뜻은 몰라도 왠지 거물급 영화인가 보다, 하는 느낌은 가졌을 거야.

블록버스터는 원래 제2차 세계대전 중 영국 공군이 쓰던 거대한 폭탄 이름이야. 한 구역(블록) 전체를 날려 버린다는 뜻에서 붙여진 이름이었는데, 이 말이 영화계에 확실히 자리잡게 된 것은 미국에서 1975년 개봉된 스티븐 스필버그 감독의 〈죠스〉부터라고 해. 영화를 못 본 사람들도 '죠스바'는 먹어 봤을 텐데 〈죠스〉는 거대 식인 상어와의 사투를 그린 영화야.

그 전에도 〈벤허〉 같은 대작 영화가 있었지만 〈죠스〉는 다른 영화들과 달리 홍보비를 영화 제작비에 맞먹을 정도로 엄청나게 쏟아 부었고, 대도시에서 시작하여 시골로 점차 상영 극장을 늘려 가던 기존 방식 대신에 전국 각지의 수많은 극장에서 동시 개봉하는 '와이드 릴리스' 방식을 도입했어.

요즘에야 다들 써먹는 방식이지만 당시에는 굉장히 새로운 방법이었어. 그 덕에 〈죠스〉는 영화 사상 최초로 흥행 수입 1억 달러를 돌파했지.

2년 뒤에는 조지 루카스 감독의 〈스타 워즈〉가 더 엄청난 흥행 수입을 올리면서 본격적인 블록버스터 시대가 펼쳐졌지.

우리나라도 강제규 감독의 〈쉬리〉가 24억 원의 제작비를 들여 한국형 블록버스터 시대를 연 이후 〈실미도〉, 〈태극기 휘날리며〉 등이 1천만 관객을 돌파하는 기록을 세웠어.

결국 블록버스터는 막대한 제작비 + 막대한 홍보비 + 와이드 릴리스를 통해 한 방에 흥행을 노리는 영화인데, 그에 따른 부작용도 있어.

우선 제작비와 홍보비가 너무 많이 들기 때문에 돈 좀 될 만한 장르에만 투자가 이루어진다는 점, 와이드 릴리스 방식 때문에 극장마다 상영관이 7~8개가 있어도 대작 영화 한 편이 상영관을 서너 개씩 차지하는 바람에 나머지 영화들은 상영 기회조차 갖지 못한다는 점 등이야. 그러다 보면 영화 산업이 다양성을 잃고 경쟁력을 상실해 국가적으로 손해가 될 수 있거든.

어쨌든 와이드 릴리스는 영화계의 오랜 통념을 깬 '코페르니쿠스적 전환'이라고 할 수 있어.

코페르니쿠스적 전환

지금껏 해 오던 대로 해서는 한 단계 도약할 수 없으니 코페르니쿠스적 발상이 필요하다. 기후변화에 대처하려면 기존 산업 정책을 코페르니쿠스적으로 전환해야 한다.

지구가 태양 주위를 돈다는 건 다들 알고 있지? 하지만 약 500년 전 유럽 사람들은 태양이 지구 주위를 돈다고 믿었어.

그러던 어느 날 폴란드 출신의 성직자 겸 천문학자였던 코페르니쿠스가 지구가 태양을 중심으로 돌고 있다는 걸 발견하고는 지동설을 주장했어. 지동설은 기존의 학문을 송두리째 뒤엎을 만큼 충격적인 것이었기 때문에, 나중에 지동설에 동조하는 책을 썼던 갈릴레이는 교황의 분노를 사서 종교재판에 회부되었고 강압에 못 이겨 지동설을 부인하게 돼. 당시 갈릴레이가 "그래도 지구는 돈다"고 혼잣말을 했다고 하지만 후세 사람들이 지어냈을 가능성이 크대. 혼잣말인데 들은 사람이 있다는 것도 이상하잖아.

하여튼 천동설은 점차 세상 사람들의 생각을 바꿔 놓았고 그로부터 근대 천문학이 시작되었으니 코페르니쿠스는 인류 역사에 남을 큰 업적을 이룩한 셈이야.

18세기 독일 철학자 칸트는 자신의 철학적 이론을 새 시대를 열 만큼 뛰어난 것이라는 의미로 '코페르니쿠스적 전환'이라고 불렀어. 당시의 유럽 철학자들이 사물을 있는 그대로 정확하게 파악하는 데만 집중한 것에 반해, 칸트는 사물을 인식함에는 인간 자신의 주관적 역할이 중요할 뿐 아니라 인간의 한계로 인해 인식 불가능한 영역이 존재한다는 것을 최초로 주장함으로써 과학과 종교의 영역을 구분했거든. 코페르니쿠스적 전환(발상)이라는 말은 그때부터 유행처럼 쓰이게 되었지.

사람들이 가지고 있는 잘못된 고정관념을 깨부수는 새로운 이론이나 생각을 의미한다는 점에서 코페르니쿠스적 전환은 좋은 의미로 쓰여.

그런데도 그 옛날 교황과 그 추종자들이 지동설을 거부했던 이유는, 오랫동안 익숙해져 있던 것을 갑자기 부정하기가 어려운 탓도 있지만 천동설이 무너지면 종교적 권위도 끝장이라고 생각했기 때문일 거야. 지동설이 자신들의 '산통'을 깬다고 여긴 거지.

산통을 깨다

잘되고 있었는데 왜 산통을 깨고 그래!
일이 되게 해도 시원찮을 텐데 산통을 깨서야 되겠느냐.

산통算筒이란 옛 사람들이 점을 칠 때 쓰던 도구야. 한 뼘 정도 길이의 얇고 길쭉한 나무 조각이나 대나무 조각들 각각에 특정한 기호를 표시한 것을 산대라고 하는데 그걸 한꺼번에 넣어 두는 통이 바로 산통이야.

점쟁이들은 산통을 흔들다가 산대를 꺼내어 거기 적힌 것을 해석해서 점을 치곤 했다니 점쟁이들에게 산통은 중요한 도구이자 생계 수단 아니었겠어? 그런데 그 산통을 깨 버리면 점을 칠 수도 없고 먹고살 길도 막막해지는 거지. 그래서 산통을 깬다는 말은 잘되어 가던 일이 이루어지지 못하게 뒤틀어 버리는 것을 의미해.

이 말이 계契의 일종인 산통계算筒契에서 비롯됐다는 설명도 있어. 조선시대의 학자 김윤식이 지은 『속음청사』에 의하면, 계원이 한 달에 한두 번 날을 정해 곗돈을 추렴해 모은 다음 산통을 흔들어 곗돈 탈 사람을 추첨하는 '산통계'라는 게 있었어. 계원 모두가 한 번씩은 곗돈을 타야 하지만 먼저 탄 사람들이 도망가 버리거나 하면 산통계가 깨지곤 했다지.

사주팔자

숙명론

라플라스의 악마와 불확정성의 원리

슈뢰딩거의 고양이

가치중립성

르네상스

밀그램의 복종

엿보기 욕망

태풍의 눈

쓰나미

사주팔자 四柱八字

이렇게 일이 꼬이다니 내 팔자도 기구하지.
사주 카페가 여대생들에게 인기를 끌면서 호황을 맞고 있다.

사주팔자, 사주팔자 하는데 그게 대체 뭘까? 사주는 네 개의 기둥, 팔자는 여덟 글자를 뜻해. 사람의 태어난 시각을 연월일시 4개로 구분해서 옛날식 60갑자로 표현하면, 예를 들어 1964년 5월 29일 6시의 경우 '갑진(년), 신미(월), 무오(일), 을묘(시)'처럼 4개의 간지干支가 나와. 모두 8글자야.

이 데이터를 기준 삼아 동양의 음양오행 이론을 토대로 그 사람의 운명과 성향을 파악하고 예측하는 것이 바로 사주팔자(명리학)야.

여기서 날짜나 시간을 표시하는 갑진이니 신미니 하는 것들은 10개의 천간天干과 **12개의 지지**地支의 조합으로 만들어져.

이것을 각각 하나씩 결합해 봐.

천간 : 갑 을 병 정 무 기 경 신 임 계
지지 : 자 축 인 묘 진 사 오 미 신 유 술 해

갑자, 을축, 병인, 이렇게 조합을 하다 보면 천간과 지지의 개수가 다르니 '계유' 다음에는 다시 갑이 술과 만나야겠지? 그런 식으로 60번이 지나야만 똑같은 갑자, 을축이 나오게 되지.

그래서 할아버지 할머니들이 환갑還甲, 회갑回甲 잔치를 하는 거야. 60번째 생일을 맞으면 자기가 태어났던 그 해가 돌아왔다는 것이고 그만큼 장수했다는 뜻이니까.

옛 사람들은 사주팔자를 통해 자신의 운명을 감정하는 것을 당연히 여겼기 때문에 뭔가 일이 꼬이거나 하면 사주가 나쁘다거나 팔자가 세다는 식의 푸념을 하곤 했어. 그런데 요즘에도 사주 카페나 점집이 많은 걸 보면 아직도 사주팔자로 운명이 정해진다고 믿는 사람이 많은가 봐.

사주팔자는 정말 정확할까? 여기서 몇 가지 생각해 볼 점이 있어.

우선 사주팔자를 조합하면 경우의 수가 총 51만 8천 가지이고, 남녀 구분할 경우 103만 6천 가지거든? 그러면 우리나라 인구가 5천만 명이니 약 50명은 사주팔자가 똑같다는 건데 그렇다고 그 사람들의 인생까지 똑같지는 않거든.

사주팔자의 기본인 연월일시를 산출하는 것도 문제야. 음력을 기준으로 하다 보니 윤달이 생기게 되어 몇 년 만에 한 번씩 음력 생일이 돌아오는 사람도 있는데, 그렇다면 과연 연월일시를 산출한 기초 데이터가 정확하느냐는 문제가 있어.

마지막으로 요즘은 국제화 시대라 외국에서 태어나는 사람도 있어. 그 경우 우리나라와 시차가 발생하게 마련인데 그러면 대체 어느 나라의 시간을 기준으로 해야 하느냐는 거지.

그러니 사주팔자에 관심을 갖기보다는 그 시간에 자기가 좋아하고 잘할 수 있는 것을 계발하는 게 더 현명하지 않을까? 출생일시가 똑같은데도 인생이 다른 것은 어째서인가 하는 난감한 질문을 받을 때면 사주 보는 사람들도 사주 자체보다는 그 사람의 마음 씀씀이가 훨씬 더 중요하다고 하니까 말이야.

사주팔자로 운명을 감정하려는 생각은, 사람의 운명이 태어날 때부터 어느 정도는 정해져 있다는 '숙명론' 내지는 운명론과 연결되어 있어.

숙명론 宿命論

숙명론을 주장하는 사람들이라고 해서 모두 나약한 것은 아니다.
자신의 선택이 잘못되었음을 인정하기 두려워 심리적 결정론 뒤에 숨는 것은 비겁한 짓이다.

모든 인류의 운명이 이미 정해져 있어 사람의 힘이나 노력으로 그것을 바꿀 수는 없다는 사고방식을 숙명론이라고 해.

역사적으로 동서양을 막론하고 숙명론을 주장하는 사람들은 항상 존재했어. 특히 대부분의 종교는 숙명론을 어느 정도씩은 받아들이고 있다고 볼 수 있어.

힌두교는 모든 생명체가 태어났다 죽었다 하면서 돌고 돈다는 윤회사상 등을 통해 숙명론을 주장하고 있어. 힌두교의 영향을 받은 불교도 마찬가지고. 중국에도 천명론天命論 또는 정명론定命論이라고 해서, 하늘의 뜻에 따라 운명이 결정되어 있다고 믿는 사상이 있어.

기독교나 이슬람교도 예외는 아니어서 인류의 역사는 하나님의 손에 있으며 끝내는 이 세상에 종말이 온다고 해.

심리학이나 사회과학에서는 결정론이 상당히 널리 퍼져 있어. 결정론이란 원인에 따라 결과가 정해진다는 견해야. 어느 숫자를 대입하든 무조건 답이 정해져 있다고 생각하는 숙명론과는 달리 어느 숫자를 대입하느냐에 따라 다른 답이 나오는 수학공식 같은 개념이라고 생각하면 돼. 심리학자 프로이트는 인간의 행동은 대부분 의식 밖의 영역, 즉 무의식에 자리 잡은 본능적 충동과 욕구들에 의해 결정된다고 주장했지. 공산주의의 창시자인 마르크스는 인간 사회나 사상이 모두 경제적 이해관계에 따라 결정된다는 경제적 결정론을 주장했어.

이런 숙명론이나 결정론에 반대되는 주장으로는 자유의지론이 있어. 인간에게는 외부의 영향을 받지 않고 독립적으로 자신의 행동을 결정할 수 있는 자유로운 의지가 있다는 거야. 정해져 있는 운명 따위는 없다는 거지.

자유의지의 중요성을 강조하는 사람들도 동서양을 막론하고 항상 있었어. 불교에는 업보론이 있어서 사람이 하기에 따라 다음 생애에서 더 나은 삶을 살 수 있다고 했고, 기독교 역사에서도 자유의지를 강조했던 펠라기우스가 예정론을 강조했던 루터, 칼뱅 등과 치열하게 신학적인 논쟁을 해 왔지.

지금도 결정론과 자유의지론의 논쟁은 계속되고 있어. 예전에는 주로 철학과 종교를 중심으로 논쟁이 벌어졌다면 요즘은 과학 기술의 발전에 따라 물리학 이론을 통해 어느 쪽이 맞는지 입증하려는 논쟁이 벌어지고 있어.

결정론자들은 '라플라스의 악마'를, 자유의지론자들은 '불확정성의 원리'를 근거로 내세우고 있지.

라플라스의 악마와 불확정성의 원리

슈퍼컴퓨터가 아무리 발전한다고 해도 라플라스의 악마를 만들어 낼 수는 없다.
불확정성의 원리는 코펜하겐 해석의 핵심 내용이다.

미래가 결정되어 있는지 아닌지에 대해서 논쟁이 끊이지 않는 이유는 인류가 미래를 볼 수 없다는 한계를 갖고 있기 때문이야.

그래서 1700년대의 수학자 라플라스는 우주 모든 입자들의 위치와 운동량을 모두 계산해 낼 수 있는 가상의 존재를 상상한 뒤, 그런 존재라면 우주의 진행을 완벽하게 예측할 수 있을 테니 더 이상 그에게 '알 수 없는 미래'란 없다고 말했어.

현재 시점의 모든 변수와 그것이 어떻게 움직일지 알 수 있다면 미래도 손바닥 들여다보듯 할 수 있을 테니 미래라는 건 이미 결정되어 있는 것 아니냐는 거야. 후세 사람들은 그 가상의 존재를 '라플라스의 악마'라고 이름 지었지.

사실 고전 물리학에 따르면 세상 모든 물체는 정확한 물리법칙에 따라 움직이기 때문에 물체에 작용하는 힘, 속도, 마찰 같은 세세한 변수를 다 알 수만 있다면 그 물체가 장차 어떻게 될지도 정확하게 예측 가능했어. 그런 의미에서 '라플라스의 악마'는 결정론의 논리적 근거로 활용됐어.

그런데 20세기 들어 '불확정성의 원리'라는 것이 발견되면서 고전 물리학 이론이 전부가 아니라는 것이 밝혀졌어.

불확정성의 원리란 하이젠베르크라는 물리학자가 발견한 이론인데, 전자의 운동처럼 극도로 미세한 입자들은 우연에 따라 움직이기 때문에 그것이 어떻게 움직이고 어디로 갈지 절대로 예측할 수 없다는 거야.

원자, 전자, 소립자 등 눈에 보이지 않는 미세한 입자들은 일반적인 물체들과 전혀 다른 물리적 법칙에 따라 움직이는데 이걸 연구하는 학문을 양자역학이라고 해. 그리고 양자역학의 핵심 원리 중 하나가 불확정성의 원리지.

즉 인간의 한계 때문에 미래를 예측할 수 없는 게 아니라, 우주 자체가 원래 예측 불가능하다는 거야. 그래서 양자역학에서는 '어떤 일이 일어날 것이다'라고 하기보다는, '어떤 일이 일어날 확률이 몇 퍼센트다'라는 식으로 자연현상을 연구해.

양자역학의 특성을 가장 잘 보여 주는 사례가 바로 '빛'이야.

'빛이란 무엇인가'에 대해 미세한 입자라는 견해와 파동이라는 견해가 오랫동안 다퉈 왔지만 지금은 입자이자 파동인 중첩적 존재라는 것이 밝혀졌지. 그런데 실험실에서 이 두 가지 중 어느 것인지 알아보고자 측정하면 신기하게도 항상 입자나 파동 중 한 가지 모습으로만 보여. 그 둘 중 어느 것으로 나타나느냐는 확률에 달린 문제라고 해.

결정된 미래란 없고 모든 것은 우연과 선택에 달린 문제라고 보는 자유의지론자들에게는 불확정성의 원리가 천군만마나 마찬가지지. 그래서 이를 근거로 결정론자들을 비판하고 나섰지.

이에 결정론자들은 '슈뢰딩거의 고양이'라는 어려운 문제를 통해 반격에 나섰어.

슈뢰딩거의 고양이 Schrödinger's cat

슈뢰딩거의 고양이는 수많은 과학자들을 골치 아프게 했다.
슈뢰딩거의 고양이는 대표적인 사고실험이다.

극도로 미세한 입자들의 세계를 다루는 양자역학에는 이해하기 어려운 현상들이 여럿 나타나지. 예를 들어 빛은 입자와 파동이 중첩된 상태에 있지만, 둘 중 어느 것인지 알아보고자 측정하는 순간 입자나 파동 중 한 가지 모습으로 보인다는 말은 앞에서 했지. 그런데 이걸 어떤 원리로 설명하자니 그들도 난감했을 거야.

그래서 보어나 하이젠베르크 같은 양자역학 학자들은 '코펜하겐 해석'이라는 걸 내놓았어. 코펜하겐 해석이란 쉽게 말해 물질의 상태는 중첩될 수 있지만 사람이 관찰하는 순간 확률에 따라 여러 가지 상태 중 하나로 결정되면서 그 모습만 나타난다는 거야.

그러나 아인슈타인처럼 결정론을 주장했던 학자들은 '신은 주사위 놀이를 하지 않는다'라고 하면서 여러 가지 사고실험을 통해 코펜하겐 해석론을 거세게 비난했지.

그중에서 '슈뢰딩거의 고양이'라는 사고실험은 실제로 코펜하겐 해석 주장자들을 궁지로 몰아넣기도 했어.

슈뢰딩거라는 물리학자가 제안한 사고실험에 따르면 우선 상자 안에 고양이 한 마리를 넣는 거야. 상자 안에는 방사선 원소와 측정 장치가 들어 있는데 한 시간 안에 방사선 원소가 붕괴되어 방사선이 검출될 확률은 50퍼센트야. 방사선이 나오면 독가스가 흘러나와 고양이는 죽게 되어 있지. 그럼 한 시간이 지나면 어떻게 될까?

코펜하겐 해석에 따르면 고양이는 살아 있는 상태와 죽은 상태가 중첩되어 있다가 상자를 여는 순간 50퍼센트의 확률로 둘 중 하나의 상태로 결정된다는 거거든? 그런데 삶과 죽음이 중첩된 고양이가 세상에 어디 있느냐, 그러니 코펜하겐 해석은 잘못되었다는 게 결정론자들의 주장이었지.

코펜하겐 해석을 주장하던 물리학자들은 굉장히 난감해졌어. 어떤 물질의 두 가지 상태가 중첩되어 있다가 관측할 때는 하나만 보여진다는 자신들의 이론대로라면 여러 가지 현상을 잘 설명할 수 있는데, 막상 설명하려고 하니 논리적으로 궁색해졌거든.

그래서 물리학자들은 이렇게 주장했지. 어차피 물리학자의 임무는 실제 일어나는 현상들을 적당한 이론으로 해석하면 그만일 뿐, 그 이상의 논리적인 설명은 철학자들이 해결해야 할 몫이라고 말이야. 이처럼 과

> **사고실험**
> 실제 실험이 아니라 머릿속에서 가상의 조건을 설정해서 논리로 하는 실험을 말함. 라플라스의 악마처럼 실제로 실험하는 것이 불가능하지만 논리적으로는 예측 가능한 경우에 주로 행해짐.

학자들이 철학적 문제를 비껴가려고 할 때 가장 많이 써먹는 것이 '과학의 가치중립성'이야.

가치중립성 價値中立性, value neutrality

나치스 정권에 기여했던 과학자들, 과학의 가치중립성 내세우며 무죄 주장.
언론 보도를 할 때는 가치중립적인 표현을 써서 공정성을 갖춰야 한다.

윤리적·철학적으로 옳다 그르다 말하지 않고 어떤 현상을 있는 그대로 말하는 것을 가치중립성이라고 해. 윤리적 가치판단은 철학의 문제이지 경험과학인 사회과학에서 다루면 안 된다고 막스 베버가 주장한 데서 유래했어.

과학에서 가치중립성이라고 할 때는 두 가지를 의미해. 첫째는 과학이 연구자의 세계관이나 가치관에 영향을 받지 말아야 한다는 뜻이고, 둘째는 과학이 가치에 관한 판단이나 결정을 내려 주지는 못한다는 뜻이야.

당연한 얘기 같지만 과거를 살펴보면 꼭 그렇지만도 않았다는 걸 알 수 있어. 실제로 과학은 늘 연구자의 세계관이나 가치관에 영향을 받아 왔어. 중세시대까지 진리로 여겨졌던 천동설이 그랬고, 아인슈타인이 양자역학에 거부감을 보였던 것도 한 예로 꼽을 수 있지.

과학이 가치에 대해 판단이나 결정을 내려 주지 못한다는 것도 역사적으로 보면 오답이야. 과학 발달에 따라 철학이나 문화예술의 흐름이 수없이 바뀌었던 것만 보더라도 과학이 사회적 가치판단에 영향을 준다는 것을 알 수 있어.

성리학이 절대적 가르침이던 조선 후기에 청나라로부터 서양의 과학 문물이 전해지면서 자연스레 실사구시의 실학이 유행한 것도 과학에 따라 사회적 가치판단이 바뀐 예라고 할 수 있지.

게다가 과학 이론은 그 내용과는 무관하게 사회적 부작용을 낳기까지 했어. 우선 적자생존 법칙을 지지하는 다윈의 진화론을 이용해 '우월한 자가 열등한 자들을 지배하는 것이 당연하다'는 논리를 퍼뜨려 노예제도 및 제국주의 국가들의 식민지 지배를 정당화하는 사람들이 있었어. 또, 식물이나 동물을 품종 개량할 때 우량 종자만 남기고 불량 종자를 없애는 것처럼 인류도 그렇게 솎아 내야 한다는 잘못된 우생학이 나치의 유대인 대량 학살과 일본 731부대의 인간 생체 실험에 이론적 근거로 쓰였던 적도 있어.

오늘날 과학의 가치중립성 논쟁이 가장 많이 일어나는 영역은 생명공학 분야야. 연구 대상이 살아 있는 생명체다 보니 윤리 문제가 반드시 거론되지. 황우석 박사 사건에서도 볼 수 있듯이 비윤리적으로 과학을 연구하면 설령 성과를 냈더라도 국제적으로 인정받기 어려울 뿐 아니라 도리어 과학 발전에 저해가 될 수 있어. 인간이나 동물의 유전자 조작은 부작용이 있는지 없는지가 당장 눈에 띄지 않고 오랜 시간이 지나야 나타난다는 점도 문제야. 윤리적 문제를 떠나서라도 충분한 시간을 두고 검증을 거쳐 안전성이 입증되어야 하는데 현실은 그렇지 못하거든.

그래서 우리나라 헌법은 학문의 자유를 명시함으로써 과학자들이 가치판단에 너무 얽매이지 않고 연구에 전념하도록 보장하는 대신, '생명윤리및안전에관한법률'을 제정해서 과학자들이 최소한의 윤리적 가치판단을 하도록 강제하고 있지.

이 법률 제1조는 '생명과학기술에 있어서의 생명윤리 및 안전을 확보하여 인간의 존엄과 가치를 침해하거나 인체에 위해를 주는 것을 방지한다'라고 명시해서 '휴머니즘'을 강조하고 있어.

휴머니즘 humanism

디지털에도 휴머니즘 바람 분다.
송 작가는 휴머니즘적 시각에서 전쟁의 비인간성을 비판하는 사진들을 찍어 왔다.

휴머니즘이란 인간을 의미하는 휴먼과 이즘^{주의나 사상}의 조합어로 인본주의, 인문주의, 인간주의 등으로 다양하게 번역돼. 그 만큼 의미도 굉장히 폭넓게 쓰여.

다음의 영상물들을 보면 휴머니즘이 무엇을 말하는지 감 잡을 수 있을 거야. 우선 KBS 다큐멘터리 〈인간극장〉이나 얼마 전 아마존 원주민들의 삶을 보여 준 MBC 다큐멘터리 〈아마존의 눈물〉을 전형적인 휴머니즘 다큐멘터리라고 불러. 영화로는 〈우리 생애 최고의 순간〉, 〈국가대표〉처럼 어려움을 딛고 인간 승리한 사람들의 이야기가 휴머니즘 영화로 분류되지. 사람의 본성에 대한 묘사나 사람이란 존재에 대한 생각, 사람과 사람과의 갈등을 깊이 있게 담고 있다는 게 공통된 특징이야.

그런데 요즘에는 휴머니즘이란 말이 조금 남발되고 있는 것 같아. 《트랜스포머》 시리즈를 보고도 휴머니즘이 녹아 있다고 하고, 《터미네이터》

시리즈는 아예 대표적인 휴머니즘 SF영화라고 해.

휴머니즘은 원래 오늘날 쓰이듯 그렇게 가벼운 뜻이 아니었어. 중세 시대까지의 신 중심적 학문·예술 체제에서 벗어나 인간 중심적인 학문·예술 체제로 바꾸자는 취지로 사용한 말이었어. 휴머니즘은 '르네상스' 운동이 확대되면서 유럽 전체로 퍼져 나갔고, 과학 기술 발전과 연계되면서 18세기의 계몽주의 사상가들에게도 이어졌지.

그 후로도 휴머니즘은 여러 가지 다양한 형태로 나타났는데 공통점이라면 인간 존중의 정신을 담고 있다는 정도야. 인간다움에 대한 사람들의 생각이 다 다르다 보니 그럴 수밖에 없지. 예를 들어 어떤 이들은 과학 기술에 힘입어 더 나은 인간 사회를 만들 수 있다고 하는 반면 어떤 이들은 과학 기술은 인간을 기술의 노예로 만들 뿐이니 기계문명을 배격하자고 해. 또 어떤 이들은 척박한 자연환경을 개척하는 것이 인간 승리라고 하는가 하면 어떤 이들은 자연 그대로에 순응하는 것이 인간다움이라고 하니, 휴머니즘은 그 말을 쓰는 사람에 따라 의미가 180도 다른 경우도 많아.

르네상스 renaissance

1990년대 이후 한국 영화의 르네상스가 시작됐다.
동아시아의 한류 열풍은 한국 문화가 르네상스를 맞았다는 증거다.

뭔가 다시 시작되거나 잘된다고 할 때 많이 쓰는 표현인 '르네상스'는 재

탄생 또는 부흥이라는 뜻을 가진 말로, 유럽에서 14~16세기 사이에 일어난 문예 부흥 운동을 일컫는 말이야.

르네상스로 인해 유럽은 중세시대의 막을 내리고 근대시대로 접어들게 되지. 하지만 르네상스가 일어난 시기와 지역을 정확하게 말하기는 어려워. 대개는 이탈리아 중부 피렌체 지방에서 시작되어 약 130년 정도 진행된 것으로 보고 있어.

르네상스 초기의 주요 인물은 『신곡』으로 유명한 단테야. 『신곡』은 그리스-로마 고전과 가톨릭 세계관을 조화시킨 명작으로 꼽혀.

단테의 뒤를 이은 페트라르카는 그리스-로마시대야말로 인간의 문명이 가장 발전했던 반면 신의 뜻만 앞세우던 중세시대는 암흑시대라 봤어. 그래서 그리스-로마의 고전 교양서적을 탐구하며 옛날처럼 인간 중심적인 시대로 돌아가자는 주장을 폈지. 그를 최초의 인문주의자라고 하는 이유가 여기에 있어.

그리스-로마시대로 돌아가 인간 중심적인 세계를 만들자는 이런 움직임은 점차 미술, 음악, 기타 학문의 영역으로까지 퍼져 나갔어.

1453년 중동의 패자였던 오스만 투르크가 동유럽 비잔틴 제국의 수도였던 콘스탄티노플을 점령하면서 르네상스 운동에는 또 한 번 불이 붙어. 동유럽에 살던 그리스-로마시대 연구자들이 전란을 피해 이탈리아로 몰려들면서 이슬람 문명이 가진 과학 기술도 함께 서유럽으로 전해졌거든. 그 덕에 이탈리아를 중심으로 한 르네상스 운동은 더 큰 힘을 얻게 되었어.

르네상스는 1530년경 쇠퇴했는데, 크게 두 가지 때문이야.

하나는 1492년 콜럼버스가 아메리카 대륙으로 가는 항로를 발견했기 때문이지. 동유럽이 오스만 투르크에 점령되면서 이탈리아를 중심으로 한 지중해의 무역 항로는 쇠퇴한 반면, 대서양을 통해 아메리카 등으로 향하는 무역 항로가 각광을 받게 되자 자연스레 이탈리아의 경제도 몰락하고 말았어. 사람들의 관심사도 옛날 고전보다는 새로운 세계의 문물에 쏠리게 되었고 말이야.

또 하나는 마르틴 루터가 시작한 종교개혁을 들 수 있어. 당시 이탈리아 경제는 교황이 유럽 전역에서 거둬들이던 돈으로 지탱해 왔는데, 종교개혁 이후 유럽 각지에서 교황에 바치던 세금과 헌금이 줄어들면서 자연스레 이탈리아 경제도 쇠퇴했지. 게다가 '종교개혁'으로 인해 유럽 전역에서 종교적 갈등이 일어나고 정치, 사회, 문화 모든 영역에 급격한 변화가 일어났거든. 한가하게 옛날 고전을 논하기보다는 사회 개혁이 당면 과제였던 거지.

종교개혁 宗敎改革, reformation

유럽 전역을 뒤흔들었던 종교개혁은 종교뿐 아니라 유럽 사회 전반을 바꿔 놓았다.
종교가 위기를 맞을 때면 종교개혁을 부르짖는 사람들이 나타나곤 했다.

종교개혁이란 1517년 마르틴 루터로부터 시작해서 전 유럽에 퍼진 개혁 운동이야. 개혁 대상은 바로 중세시대까지 유럽을 지배해 온 가톨릭교회와 교황이었지.

중세시대 유럽을 지배하고 있던 가톨릭 교회는 온갖 부정부패로 찌들어 있었어. 루터가 활동하던 당시에 교회는 성 베드로 성당 건립을 위해 큰돈이 필요했어. 그래서 재원 마련을 위해 '면죄부'를 만들어 돈을 받고 팔기 시작했지. 면죄부를 돈 주고 사는 것도 착한 일을 한 것이니 죄를 갚을 수 있다고 가르쳤어. 성경을 배우지 못한 일반 신도들은 그런가 보다 했지. 그러나 성경을 공부한 루터가 볼 때는 말도 안 되는 일이었어. 성경은 인간이 예수 그리스도를 믿음으로 구원을 받는다고 하지, 착한 일이나 기부행위로 구원을 살 수 있다고는 가르치지 않거든.

루터는 1517년 10월 31일, 비텐베르크 대학 교회 정문에 '면죄부에 관한 95개조의 논제'라는 반박문을 게시했어. 면죄부는 성경과 어긋나니 거짓말 그만하고 성경 그대로 가르치라는 내용이었지.

당시 면죄부 판매는 가톨릭교회의 주요 수입원이었는데 그걸 비판했으니 기득권 세력은 크게 분노할 수밖에. 반대로 평소 교회에 불만을 가졌던 이들은 크게 환영했지. 마침 당시 유럽에는 독일 출신 구텐베르크가 창안한 활판 인쇄술이 널리 보급되어 있었어. 루터의 95개조 논제는 대량 인쇄되어 순식간에 전 유럽으로 퍼져 나갔지.

루터는 이런 비성경적인 일이 일어난 것은 성경이 어려운 라틴어나 헬라어로 되어 있기 때문이라고 보고 독일어로 성경을 번역했어. 유럽 전역에 성경을 대중화하고 독일어를 통일하는 데 지대한 공헌을 했지.

또 그는 가톨릭 신부들의 독신주의가 성경에 어긋난다고 생각해 수녀 출신의 아내를 맞아 결혼식을 올렸어. 그 후 개신교는 가톨릭과 달리 사제의 결혼을 장려하게 됐지.

이렇게 시작된 종교개혁의 불꽃은 끊임없이 번졌어. 스위스의 츠빙글리, 프랑스의 칼뱅이 개혁의 선봉에 섰지. 종교개혁은 영국의 청교도 혁명과 이후에 청교도들이 메이플라워 호를 타고 미국으로 건너가는 사건에까지 영향을 미쳤어.

유럽 전역에서 벌어진 개신교와 가톨릭의 갈등을 통합하는 과정에서 프랑스, 영국, 독일 등 유럽 각국은 근대 국가로 변모하고, 교황의 권위가 몰락하면서 중세시대는 끝이 났어. 루터의 종교개혁은 교회 혁신 운동에서 시작했지만 근대 유럽 국가들의 기초를 세운 역사적 사건이었어.

르네상스에서 추구했던 휴머니즘이 귀족 중심에다 문화예술 분야에 한정되어 있었다면, 종교개혁은 유럽 전 지역에 걸쳐 일반 대중들의 마음을 사로잡았고 종교, 정치, 사회, 문화 모든 영역에 커다란 변화를 가져오면서 세계 역사의 흐름을 크게 바꿔 놓았어.

굳이 비유하자면 르네상스는 중세 유럽에 변화가 임박했음을 알리는 태풍의 눈이었다고 할 수 있겠고, 종교개혁은 중세시대의 종말과 근대 유럽의 시작을 가져온 정신적 '쓰나미'였다고나 할까?

쓰나미 tsunami

여러 악재들이 쓰나미처럼 우리 경제에 몰려들고 있다.
네티즌들은 그 영화에 대해 '감동이 쓰나미처럼 몰려왔다'며 입을 모았다.

쓰나미는 지진해일이란 뜻의 일본어야. 영화 〈해운대〉를 본 사람들은 엄청난 높이의 파도가 부산 해운대를 덮쳐 버리는 광경을 봤을 텐데, 그처럼 지진이 초래한 거대한 규모의 해일을 쓰나미라고 해.

1946년 태평양 알류샨 열도의 지진해일이 엄청난 규모의 희생자를 내자 세계 언론들이 지진해일을 일컫는 '쓰나미'라는 일본어를 사용하기 시작했고, 1963년에 열린 국제과학회의에서 이 말이 국제 용어로 공식 채택됐어.

　　일반적으로 태풍 등에 의해 생기는 폭풍해일과 달리, 쓰나미는 육지에 가까운 바다 속에서 진도 6.3 이상의 지진이 일어나거나 해저 화산 폭발, 단층운동같이 지각변동이 급격히 일어날 때 발생해.

　　지진해일은 심해에서는 파고(파도의 높이)가 그리 높지 않은데 해안 근처에 다가오면 파도가 갑자기 커져. 원래 해안 근처에서는 물과 바닥의 마찰이 심하기 때문에 파고가 낮아져야 정상인데, 지진해일의 경우는 해일파의 앞부분은 속도가 감소하지만 뒤에서 밀려오는 파도의 주기와 총 에너지는 거의 줄어들지 않은 상태이기 때문에 그것이 압축되면서 파고가 엄청나게 높아지는 거야.

　　2004년 인도네시아를 강타했던 지진해일은 파고가 30미터로 아파트 12층 정도의 높이였고, 약 40만 명이 목숨을 잃었을 정도로 무시무시했지. 그 정도의 지진해일이 몰려올 경우 인간의 기술로는 막아 낼 방법이 없어. 그런 의미에서 쓰나미는 '저항할 수 없을 만큼 거대한 사회적 흐름' 또는 '어떤 광범위한 사회현상이 급격하게 밀어닥치는 모습' 등을 비유적으로 나타내. 보통은 좋지 않은 의미로 쓰이지.

　　바다 속에서 발생하는 거대 자연현상에 쓰나미가 있다면, 바다 위에서 발생하는 것으로는 태풍이 있어.

태풍의 눈 ^{typhoon eye}

만년 꼴찌팀의 돌풍은 결국 찻잔 속의 태풍에 그치고 말았다.
북한 핵문제가 다시 동북아시아 정세에 태풍의 눈으로 떠오르고 있다.

태풍의 이름은 여러 가지야. 동아시아에서는 태풍, 인도양과 남태평양 지역에서는 사이클론, 대서양과 미국 등지에선 허리케인이라고 불러. 이름은 다르지만 셋 다 열대성 저기압을 가리켜.

보통 풍속^{바람의 속도}이 초속 17미터 이상인 열대성 저기압을 태풍이라고 하는데, 우리나라에 오는 태풍은 보통 핵폭탄 10개에서 100개 정도의 어마어마한 위력을 가지고 있다고 해. 그래서 한번 들이닥쳤다 하면 수많은 인명 피해와 재산 피해가 발생하곤 하지.

태풍은 가운데가 뻥 뚫린 거대한 도넛 모양을 하고 있는데 뻥 뚫린 부분을 태풍의 눈이라고 해. 지름은 보통 30~50킬로미터 정도지만, 가끔 200킬로미터에 달할 만큼 큰 것도 있어.

태풍은 중심부로 갈수록 힘이 강해서 태풍의 눈 주변 지역은 강력한 폭풍우가 몰아쳐. 반면, 태풍의 눈은 비도 오지 않고 맑게 갠 무풍지대라서 아주 고요하지. 그러나 태풍의 눈이 머무르는 잠깐 동안의 평온함이 지나가면 즉각 맹렬한 폭풍우가 불어닥치게 돼.

이런 특성 때문에 태풍의 눈은 어떤 사물이나 사회현상에 큰 영향을 주는 핵심적인 사건이나 존재를 가리켜. 또는 당장은 두드러지게 나타나지 않지만 조만간 어떤 사물이나 사회현상에 큰 영향을 줄 수 있는 사건이나 존재를 가리키기도 하지. 또 가끔은 큰 사회현상이 휩쓰는 와중에도 유독 조용한 영역을 가리키기도 해. 영화 〈웰컴 투 동막골〉에서 한국전쟁이 한창인데 외딴 시골인 동막골 사람들은 평온하게 살아가잖아. 태풍의 눈 속에 든 것처럼.

첫째 의미는 태풍의 중심부가 강력하다는 점에, 둘째와 셋째 의미는 태풍의 눈이 일시적으로는 고요하다는 점에 빗댄 거야.

태풍이 들어가는 재미있는 표현이 하나 더 있어. 바로 '찻잔 속의 태풍'이야. 뜨거운 커피나 차를 마실 때 찻숟가락으로 휘휘 저으면 소용돌이가 생기지. 하지만 그 소용돌이는 잠시 후 사라질 뿐 아니라 절대 찻잔 밖을 넘어서지도 못하지. 사회적으로 큰 영향을 미칠 것처럼 보였지만 실제로는 그렇지 못했던 사건이나 존재를 비유적으로 표현하는 말이야. 충무로에서 꽤 잘나가는 감독과 스타 배우들이 의기투합해 만든 영

이슈를 몰고 다니는
나를 'Mr. 타이푼'이라
불러 주요. 주사위는
내 손 안에 있소이다.

화가 떠들썩한 홍보에도 흥행에 실패하는 경우 이런 표현을 쓸 수 있지. 어떤 특정 단체나 조직 등 자기들끼리는 시끌벅적하지만 그 테두리를 넘어선 다른 영역에는 전혀 영향을 미치지 못할 때도 이 표현을 사용해.

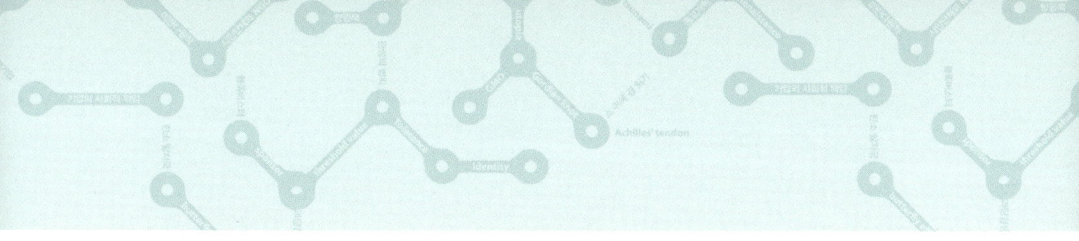